黄昏て道険し

私の秋田ノート それでも秋田再生主義

あゆかわ のぼる

黄昏て、道険し

――それでも秋田再生主義――

目次

装丁　小松田亮悦

はじめに

秋田県の人口は、もしかすれば年内に百万人を割るかもしれない。人口減少のペースは全国四十七都道府県のトップのハイペース。

秋田県知事が、国勢調査の結果を見て、「一抹の淋しさを感じる」と、他人事のように言ったが、そう言ってから、「危機感」という言葉を使って「県民もその思いを共有してほしい」と付け加えた。空しく、何のインパクトもない。

人口減少にブレーキを掛ける策が何もない。あって取り掛かっても、その効果が全く現れない。そのことを県民は気付いている。

例えば漁業。ハタハタを例に現状を見れば、漁獲量が激減しているが、仮に藻場が枯れている原因が現場の漁師と行政では違う。そしてそれを刷り合わせた様子が見えない。六次産業化を進める、と言うが、ホッケやアジなど他の魚も含めて、「形を変える。価値を付加する」という様子が全く見られない。

林業はもう見捨ててしまったのだろうか。いまだに「安い外材におされて……」とアタマに付ける。こう言い続けて、日本を代表する秋田杉対策に手をこまねいて、果たして何年になるのか。伐採して里に下ろすだけで赤字になるというが、それは何の努力もしないせいだ。発想の転換や創意工夫が全く見られない。そして山は荒れ、後継者はその様子に目もくれずに離れていく。

農業についてはいう言葉がない。「あきたこまち」三十年というが、ほんの十年くらい前までは相手にしなかった青森県が「青天の霹靂」、山形県の「つや姫」などの米が頭角を現し、話題になっているが、去年だかあきたこまちの後継として発表された新しい県産米の名を、県民はすっかり忘れてしまっている。

ソウル便は止まったままでいる。何のために空路を開いたのか、何をしてきたのか、どうするのか、何も見えない。開港以来のこの長い期間に、私たちは韓国の何を知り、どう生かしてきたのか、韓国にどれ程の恩恵を与えたか、文化、経済、スポーツ、教育などどれがどれ程交流し、相互に益を得たか、未来が見えたか。極論を言えば何もない。ただ、テレビドラマの「アイリス」のみになっちゃがり、それがなくなったら灯が消えたよりなお暗い。ロケ地だった所に張り出された、色褪せて風にたなびく写真が惨めったらしい落ちぶれ感がひとしおだ。そして、そんなソウル便ピンチを横目に、「さぁ今度は台湾だ、タイだ」と言う。この愚かさは当然台湾もタイも知っている。「使えるときは使う」が、いらなくなったらソウル便より素早く手を引くだろう。

高校がどんどんなくなる。小・中学校はもう絶滅危惧状態。「具が少なくなれば器を小さくする」。特色を出す訳でも個性を出す訳でもない。学校がなくなれば地域は寂れる。

県内の弱小企業が次々と廃業する。その大きな理由が「後継者難」だという。努力せず、今流行の言葉で言えばイノベーションの様子全く見えず、外から優れ者を採らず一族で固め、爺さまが会長、バサマが監査役、嫁が副社長で息子が専務。その息子が箸にも棒にも掛からず、他人に渡すよりは蓄えたカネでの世すぎ身すぎを選ぶ。そしてのイマ。

県民はそれらを指摘せず提案せず、下を向いて口を噤み、メディアも深く突っ込まない。県外に住む県人は厳しく言わず、甘いノスタルジーに浸る。

これで秋田県がにぎわい、若者が残り、人口減少にブレーキが掛かったら、秋田発の世界の七不思議。

そしてそのことに為政者や業界の幹部など気付いていないのか、気付いていても素知らぬふりを決め込んでいるのか。

「日暮れて道遠し」という言葉があるが、そう言ってしまえば秋田に未来はない。せめて、「黄昏て、道険し」。その一つひとつを、その時々にノートしてきたことを一冊にしてみた。

民謡を聴く、民謡を聴かせる

一昨年、一枚のＣＤと出会った時の感動と、この春また、巡り会った。

秋田県大仙市の太田地区で、市町村合併前の太田町時代から、ユニークな取り組みをしてきた。

この町出身で、大正から昭和十年代に活躍した、民謡歌手の黒沢三一の仕事の顕彰である。

太田町は、秋田県の穀倉地帯、仙北平野にあり、一帯には、労作唄《うた》、村祭りや祝言の席で歌われる唄などがたくさんある。

秋田民謡の多くが、ここが発祥かここで歌い継がれてきた。

それらの唄を旅回りの歌い手として、全国に広めた一人が黒沢三一である。

「たんと節」「荷方節」「飴売り節」などがその代表と言われ、「秋田おばこ」を全国区にした、同じ仙北出身の佐藤貞子と共に、果たした役割は大きかった。しかし、佐藤貞子ほどの評価はされていなかった。

太田町は、彼の評価に取り掛かる事にした。

合併を目の前にしていた平成十五年、黒沢三一の仕事とその周辺を、聞き書きで残そうとした教育委員会が、遺族宅を訪ねたら、たくさんのSPレコードがあった。十分に聞くに堪えるものであったし、なによりも、今の歌い方とはかなり違うものが多い貴重なものだった。これをCDに残しておけないか、というのが取っ掛かりだったという。

専門家のアドバイスを受けながら作業を進めて行くうちに、たくさんの民謡や童謡が、地元で昔から歌い継がれている事を発見した。黒沢三一と民謡についてのシンポジウムの企画も持ち上がった。

合併直前の一昨年、まず黒沢三一の代表曲十三曲を入れたCDを、解説入りで完成させた。そして今年の春、合併して出来た大仙市教育委員会の仕事として、シンポジウムのディスカッションや研究家の寄稿文などをまとめた「黒沢三一の唄と人生」という本とともに、歌い継がれている民謡と童謡を、地元の人たちから歌って貰《もら》ってCDにしたものを出した。

民謡に深い関心を持つ私は、これらの仕事に触れて、ある感慨に耽《ふけ》った。

秋田県は、民謡の宝庫と言われている。

県内全域にたくさんの民謡があり、多くの歌い手がいて、かつては、何時《いつ》でもどこでも民謡を聴く事が出来た。

テレビもラジオも番組があった。

しかし、今、私たちは民謡を聴く機会がまことに少ない。祭りにも祝いの席にも民謡は出ない。舞台を見る事も少なくなったし、テレビやラジオでも聴くチャンスがない。民謡酒場も姿を消した。

歌う場をなくした歌い手たちは、人々に聴いて貰う機会と場所を作ろうとせず、弟子を取り、稽古《けいこ》をつけ、弟子たちはコンクールに出場し、師弟はチャンピオンを目指す事に熱中した。

民謡は、聞き手がいてこそ次の時代に受け継がれるが、私は、今のままの状態が続けば、秋田県の民謡が、やがてなくなってしまうかもしれない、という不安を抱いた。

そんな時だけに、黒川三一という、旅芸人として歌い続けた人の人生を顕彰する意味は大きい。

これが、民謡歌手たちが人前で歌う事を意識し、人々が民謡の魅力を再確認し、ライブで民謡を聴かせる、民謡を聴く、きっかけになり、再び、実の伴った民謡王国となってくればいいと思う。

2006年5月17日

よみがえるか、秋田弁

昨年あたりから、方言がブームなのだという。

タレントも使い、映画やテレビにもよく登場し、大都会の若者たちの間で、大変な人気だと聞く。

秋田弁を例にとっても、由利本荘市出身で名古屋市在住のシンガー・ソングライター伊藤秀志が、数年前に歌ってヒットした「大きな古時計」ズーズー弁バージョンが、今年の中学の教科書に載った。あるいは、柳葉敏郎や藤あや子ら、秋田県出身のタレントや歌手が、テレビで秋田弁を使う。そして、これらは、かつてのようなチャカシやお笑いネタではない。

そのせいか、いろんなところから、秋田弁の説明をしてほしいというメールをもらう。

方言ブームで秋田弁が評価されはじめたのだろうか。

東北人は口が重い、とよく言われ、その原因は言葉にあり、重くて貧しくて寒いところに住む人々の使う汚い言葉とされてきたせいであろう。

秋田県には、過去に何度か〝秋田弁追放運動〟があった。

例えば、昭和の初め、秋田弁を共通語に直そうとした。それを証明するのが、昭和四年に県が発行した「秋田方言」という立派な辞典。そこには、当時の知事が「日本の僻地《へきち》にある秋田県は、方言を使っていては、文化の発展が望めない」というようなことを書いており、〃矯正用〃の辞書だったが、今見ると、貴重な秋田弁の資料である。

さらに、昭和三十年代の高度成長期。中学卒業の少年たちが「金の卵」と言われて大都会の労働力として送り込まれた。その時、「方言を使えばやしめられる（いじめられる）」と、教育の現場で方言を使うことを禁じた。使えば罰が科せられるという厳しいものだった。

これは、秋田県だけでなく、東北地方各地で行われたようだった。

その時「方言は汚い言葉だ。使ってはいけない」と、私たちの心に刷り込まれてしまい、それが回復出来ないままに長い時間を経て来た。

それがここへ来ての方言ブームで、秋田弁も見直され始めたようだ。

方言には、共通語では味わえない魅力がある。

幾つか挙げてみる。

例えば「寂しい」ことを「とぜねぇ」と言うが、これは「徒然」。徒然草と通じるし、「遠慮」の「じんぎ」は「お辞儀」が語源。「友達」は「どやぐ（同役）」。たぶん昔はそういう言い方をしたのだろう。

また、「涙そうそう」という歌の「なだ」は、秋田弁にもある。「ありがとう」を「おおぎね」

と言うが、これは「おおきに」の秋田弁化であり、沖縄や関西との交流の跡を見ることが出来る。

「ねまる」は「座る」ことを言うが、松尾芭蕉の「奥の細道」に、

涼しさを我が宿にしてねまるなり

という句があり、「ねまる」は古語だったのではないかと思われる。

今言われている方言ブームが、そういうことを踏まえてのことなのかどうかは分からない。

しかし、こう見てくると、方言は意味が深いし、言葉の持つぬくもりを感じる。

一方、共通語は、相手に意思を伝えるツールとして重要だ。

ある言語学者が「方言を慈しみ、共通語を尊重する」と言っている。

私たちは、今こそ、この貴重な言語文化を、改めてじっくり見直すべきなのかもしれない。

２００６年７月５日

秋田「ラスベガス構想」

今から十年余り前、数人の、本当は生きのいい若者たちが、鬱々《うつうつ》と日々をすごしていた。〃ふるさと秋田〃が疎ましかったのだ。

そんな時、その中の一人に、住んでいる町の公民館職員から電話が掛かってきた。

「若者を対象にした研修会を企画したが、参加希望が少なくて困っている。終わってから飲み会をやるから、仲間を誘って参加してくれ」

若者は、仲間数人と、飲み会を目的に出掛けた。

研修会の講師が私で、秋田県の抱える課題を指摘し、このままでは若者たちの未来も暗い。思い切った発想で秋田の未来を切り開け、というような話をし、飲み会でも檄《げき》を飛ばした。

数日後、若者たちは再び集まり、「愚痴を言っても見捨てても生まれ故郷はついて回る。ならいっそ、オレたちの手で、オレたちが生き生きと楽しく暮らしてゆける秋田のために、行動を起こそう」と話し合った。

これが、若者たちのグループ「トトカルチョマッチョマンズ」を立ち上げるきっかけであり、

「秋田にラスベガスを！」という活動の実質的なスタートでもあった。

私は、彼らの活動を、スタートの時から見てきた。

このグループのリーダーの長谷川敦君が大学時代に旅行でラスベガスに行った時、「砂漠の中にこんな大都会が出来たのは、ここが単なる賭博場ではなく、もっと大きな魅力があるからかもしれない」と思った。

そのことをグループの集まりで話し、彼らは以後十年間にわたって、現地に出掛けたり、カジノや犯罪学の、専門家や研究者に話を聞いたりしながら、秋田にラスベガスのような街をつくれないか考え続けた。

そして、「イーストベガス（東のラスベガス）構想」を発表したのが二〇〇二年だった。

それは、そこをトータルエンターテインメントの世界と位置づけし、施設、来訪者数、宿泊やショッピングなどの収入額を試算し、雇用や税収まで弾《はじ》き出した本格的なものだった。

それまでにも、いくつかの都県が「地域にカジノを」と声を上げたが、その中で彼らの取り組みは早かったし、構想も具体的だったので、彼らの活動にテレビや新聞などのメディアも大きな関心を示し、度々報道した。

昨年は、国内で三カ所目の「カジノサミット」を、経済界などの協力を得て、秋田市で開催し、全国から多くの人たちが集まった。

しかし、具体化には予想以上に高くて、どうしてもクリアしなければならない課題がある。

この運動は、行政とともに進めなければならず、他の都県は行政主導で進めているが、秋田県の場合はそれがかなわない。

今年に入って知事が、「秋田には、馴染《なじ》まない」と発言した。

カジノは賭博場。賭博には犯罪の影が付きまとう、という従来型のイメージでもあるのだろうか。

この若者たちの、時間をかけた取り組みのエネルギーをスポイルしてはいけない。

これに対抗するほどの、長期展望に立った大型の案があるのか。馴染《なじ》まないというなら、彼ら以上の研究と、提案を示す必要があろう。

私は、賭け事を全くやらずカジノに疎いが、若者たちの提案を支持する。

なぜなら、彼らは、〝未来図〟を描いたのだから。

2006年8月23日

郷土芸能に燃える若者たち

私の生まれ故郷には、「羽川剣ばやし」という郷土芸能がある。今から五百年ほど前そこを治めていた、由利十二頭の一人、羽川小太郎という城主が、戦勝の酒盛りの席で剣を持って舞い、居合わせた人々に銀扇を持たせて踊らせたのが始まりと言われる。

この踊りは、毎年秋祭りに、山車とともに集落を巡って披露される。

世帯数三百余り、人口千二百人ほどの集落の、特に芸術的にも文化財としても、それほどの評価を受けているわけでもない芸能を、五百年も引き継いできたのは、そこに住む人々が、一年のうちの最大の楽しみの一つの村祭りに、その踊りを踊り、見るということにあるのだろうが、その中心にいたのが、代々の若衆たちだったということだ。それが、青年団、青年会と引き継がれ、現在では、小・中学生までが踊り継ぐようになり、一九七五（昭和五十）年に秋田市無形民俗文化財に指定された。

小さな集落にとっては快挙だった。

これと似たような話を聞いたのは、十年ほど前、テレビのリポーターを始めて間もないころであった。

修験道の山、鳥海山には、修験者が麓《ふもと》の集落に残した多くの獅子舞や番楽がある。その数は日本一とも言われるが、由利本荘市鳥海地区に特に多く、県や市指定の無形文化財が二十近くある。

この地区は、特に過疎化、高齢化が進み、後継者難が話題になる。

ところが、後継者の心配が全くないところがある、と聞いて、カメラを担いで行ったのが、猿倉という集落であった。猿倉人形芝居でも知られるところである。

ここの中学生たちが番楽に関心を示し、稽古《けいこ》に励み、公演にも喜んで参加しているというのだ。

一夜、稽古場で一緒に過ごしたが、真剣に生き生きと、長老の指導を受けていた。

こういう経験もある。

三年くらい前だったろうか。中仙町（現・大仙市中仙）長野に伝わる「長野ささら」を全国区にして、「ドンパン節」とともに、観光の目玉にしようと取り組んでいる若者たちがいると聞いて、出掛けてみた。

一帯の町や村には、四百年前佐竹氏が入った時、一緒に来たといわれるささらが、多く伝えられているが、その若者たちは、それらのささらを集合させて見てもらうイベントを企画したりしていたが、その中に、全国規模の金融機関に就職しながら、転勤で故郷を離れるとささらへの取り組みが思うに任せなくなると、地元企業に職代えした者もいて、びっくりさせられた。

私は、今年の夏も、西馬音内《にしもない》盆踊りや花輪ばやしなどを見たが、太鼓をたたき、笛を吹き、鉦《かね》を鳴らし、掛け声を掛ける裏方の中に、汗みどろになり、眼《め》を輝かせているパワフルな若者たちが多くいた。

私は、郷土芸能について全くの素人だが、地域の元気に会うためあっちこっちの新旧の祭りを見に行く。そうすると、そこで出会う多くの若者たちは、祭りだけではなく、本当は生まれて育ったところが好きで、誇らしくて堪《たま》らないのではないかという思いに駆られる。

そして、所謂《いわゆる》大人たちは、そのことに気付かない。したがい、それを引き出せないでいるということなのではないか。

そういう若者たちと眼を合わせ、しぐさを読み取り、共に取り組めば、もっともっと今住んでいるところが沸き立つはずだ。

2006年10月4日

もったいない偉人たち

隣県の例で言えば、青森県では、版画家の棟方志功、岩手県における作家の宮澤賢治、山形県の写真家・土門拳のような、地元が産んだ著名な先人の業績を公開する記念館や展示館などがあって、そういうところへよく立ち寄り、充実した内容を堪能する。

旅人にとって、旅先でそういうものと出会う楽しみは、なにものにも代えがたい。

ということは、地元の人たちにとっても誇らしいことだろう。

感心するのは、それらの施設が先人の名前を冠にしていることだ。

旅先で探すにも、事前にインターネットで調べる時も、分かりやすくて親切だし、地元の人たちにとっても、「オラホの産んだ偉人」という意識を持ちやすいという意味で、効果的だ。

ところが、私の住む秋田県には、そういうものがほとんどない。せいぜい、北秋田市にある作曲家・成田為三の浜辺の歌音楽館くらいのものだ。

では、県民が誇りに思い、旅人や県外の人たちに自慢できる、人や作品がないかというと、いるし、あり、展示されているものもある。

代表的な作品と人を紹介すると、一つは、世界的な洋画家・藤田嗣治の作品『秋田の行事』。これは、藤田が昭和の初期、秋田に滞在した時に、秋田の四季と、人々の暮らしや行事、祭りなどを描いたもので、縦三・六五メートル、横二〇・五メートルの世界最大といわれる大作。

この作品は、秋田市の千秋公園の入り口にある県立美術館に併設された私立美術館に展示されているが、美術館はその絵の所有者の名前を冠にしているので、県外の人だけでなく、地元の人もそれほど知らない。

一人は、版画家の勝平得之。

橙《だいだい》色や黄色を基調にした温かみを感じさせる色調で、秋田の風景と人々の暮らしや風習などを描き続け、多くの作品を残し、ドイツの建築家ブルーノ・タウトが、著書『日本美の再発見』で紹介するなど、世界的にも高い評価を得た。しかし、勝平は、生涯秋田を離れなかったため、それほど世に知られることはなかった。そのせいもあって、作品の多くが秋田県内にあり、それらは主に「市立赤れんが郷土館」に保存され、常設展示されている。しかし、これもまた、どこにでもある一般的な名前の施設なので、勝平の仕事と作品の充実ぶりに比して、知られる範囲は狭い。

これらの施設を、それぞれの先人を冠にした名前にすれば、もっと注目され、地元の人たちも誇りに思うようになると思うのだが。

しかし、そうしない。

第一回芥川賞作家、石川達三の資料室が市立図書館の一室だったり、大館市出身のプロレタリア作家の小林多喜二が、北海道生まれと思われていたり、農民文学の伊藤永之介の仕事についての顕彰が全く手つかずだったり。

あるいは、県北出身で日本を代表する日本画家の福田豊四郎や、洋画家の伊勢正義の作品が県内に多く残されているのに、常設の美術館がない、というもったいなさが目立つ。

これらを前面に出せば、確実に、最近よく言われる「オンリーワン」として、県民の自慢の種になり、秋田のイメージアップに役立つと思い、度々提案しているが、なかなか実現しないのは、やっぱり、県民性なのかしら。

2006年11月15日

絆と結、いまこそ

五年ほど前に、雑誌の取材で秋田県天王町（現・潟上市）を訪ねた。秋田県の各市町村の人口が減少し続け、過疎化が進む中、この町は人口が増え続け、どこの市町村でも小・中学校の統廃合が避けられない状況の時、この町は、新しい中学校が出来たりしていた。

しかし、悩みがあった。

人口は増えるが、町民同士の絆《きずな》が細くなる、ヒューマンリレーションやコミュニケーションが薄まる、という事だった。

この町は、県都秋田市に隣接していて、宅地開発が進み、秋田市に通勤するヤングファミリーがそこに住み始めた。このファミリーは、日中はそこにいないし、いても知らぬ同士、休日は秋田市に出掛けるかドライブで、やはりそこにいることが少ない〝天王市民〟。したがい、昔からの住民はおろか、隣近所との付き合いも薄い。町役場では、新旧町民の交流策に腐心していた。

また、今年の春、私は、生まれ故郷の集落の戸数と人口を知る必要があって市の地域センターに問い合わせた。ところが、係が、二つの町内会合わせた数ですか、と問い返す。昔は、集落が一つの町内会だった。やがて過疎が進んだから戸数も人口もかなり減ったはずで、二つの町内会に分かれるはずがないと思ってそう言うと、二十年ほど前に砂防林を宅地開発し、七十戸ほど団地が出来て、そこに新しい町内会が組織されたのだという。私の村は、戦後、松林が開かれて宅地となり、かなりの人々がそこに住んだが、その住人たちは、独立した町内会など作らなかった。

時代が変わったのか、それとも意識の変化か。

私の住む地域でも、こういう例がある。

ここは、集落の外れには庚申塚があるほど古い集落で、ルーツをたどればかなりの家が身内という所。私が住み始めた二十年余り前は五十を切る戸数しかなかった。それが今では、六十に迫る戸数になった。数年に一軒ぐらい、家を建てて新しい家族が住み始めたのである。

しかし、新しく住み始めた人の中には、町内会に加入しないとか、地域の行事に参加しないとか、神社の氏子にならないというのがいるらしい。

私も、ここの集落にとっては新参者で、しかも、身内も知己もいない。住んですぐ、町内会などここで暮らすために必要なものにはすべて参加したし、地方でよく言う「となりおやぐ」と言われる親戚《しんせき》付き合いする家も近所にお願いし、ここに溶け込む努力をした。しかし、十年ほどしたある時、集落の行事の慰労会で、「アンタみたいなよそ者が住んで、ここは、煩わしい所になってしまった」と言われて仰天した。

新聞などにものを書き、テレビやラジオに出て意見を述べる胡散《うさん》臭い男、と思われていたのだろう。

集落や連帯意識が内からも外からも崩壊し始め、核家族とか新人類とかいう言葉が定着し、心の繋《つな》がりや隣近所が協力し合うという関係がなくても生きて行けると勘違いする世の中になってしまったのだろうか。

それが、今年、秋田県の藤里町や大仙市で起きた、母親が我が子を殺すという、痛ましくて不幸な事件の原因の一つになっているとすれば……。

いずれも、その地域に馴染《なじ》みのない家族だった。

もう一度、人は、周りと共に生きている事を、あらためて考えてみる時なのかもしれない。

2006年12月27日

消えた冬のイベント

横手市のかまくら、美郷町の竹うち、大館市のアメッコ市など、秋田県には、伝統行事の冬祭りがたくさんあり、冬ごもりの季節なのに、各地が結構にぎわう。

そんな中で、この冬、また一つ、冬のイベントが消えた。

三十年続いてきた「童《わらし》ッ子の雪まつり」である。

このイベントは、地元の若者たちが、「自分たちが子供のころ夢中になった遊びを、今の子供たちにも楽しんでもらおう」と始めた。冬の一日、ソリ遊びやドッコ（男子用の下駄《げた》スケート）や、ガッパ（女子用の下駄スケート）、箱ゾリなどの、昔から伝承されてきた遊びを楽しむものので、回を重ねるごとに人気を呼び、評価が高まり、やがて、県内の小正月行事も参加し始め、馬《ば》そりやスノーモービルも加わるなどし、全国規模の地域おこし大賞を受賞もした。

秋田市もバックアップするようになり、昨年の三十回記念イベントには、十一万人もの人々が集まったという。

それが、昨年を最後にして、やめてしまった。理由は、始めた時は三十代だったメンバーが、六十代と高齢化したのと、運営費の捻出《ねんしゅつ》が思うに任せなくなったことだという。

この話を聞いて、六年前に同じようなことがあったのを思い出した。

金浦町（現・にかほ市金浦）は、白瀬南極探検隊長の出身地だが、そこに住む若者たちが昭和六十（一九八五）年、有志で会を設立し、白瀬の業績を顕彰し地域を活性化しようと活動を始め、南極と白瀬に関連する資料を展示する記念館建設に取り組む。

南極観測隊員の講演会やチャリティーコンサートなど、一連の活動の中で、「白瀬カップ犬ぞり大会」を、隣の象潟町（現・にかほ市象潟）や仁賀保町（現・にかほ市仁賀保）の若者たちの協力を仰いで開催し、やがて全国的な大会になる。

しかし、平成十三（二〇〇一）年、十回大会をもって幕を閉じる。

彼らは、「所期の目的を達した」と言ったが、大きな理由は、運営資金が集まらないことだった。

この大会は、周囲から大いに惜しまれた。

特に十回大会は、会場が鳥海高原だったこともあった。鳥海山の裾野《すその》は見事な観光資源なのに、そこを持つ各町が固有の名称をつけ、単独で売り込んでいた。そのためそれほどの効果が上がらずにいたが、高原全体を売り込もうという機運が高まってきたころの犬ぞり大会だったので、冬のイベントの目玉になると見るものが多かった。

また、この活動に協力した若者たちによって、象潟のトライアスロン大会が生まれたし、参加した岩手県金ケ崎町の若者たちが始めた犬ぞり大会は今、日本有数の大会になっている。

彼らの活動を注目してきた私は、県や関係する町に再開のための働きかけをしたが、彼ら自身が、疲れきっていて再び立ち上がることはなかった。

この二つの、新しいタイプのイベントが頓挫した大きな理由は、資金集めの難しさだったが、もしかすれば、その陰には、そういうものを楽しみはするが、協力するとか、参画することはしない〝せやみこぎ（骨惜しみ）〟という県民性があるのではないか。

もしそうだとすれば、それを払拭《ふっしょく》しなければ、意欲的で新しい形の県と県民になれないし、イキイキとした地域つくりもおぼつかない。

2007年2月14日

「平成の大合併」名前に右往左往

春、家族連れで隣の県の名所を訪ね、おいしいものを食べ、温泉に一泊する小さな旅をするようになって十年余りになる。

三月の確定申告で、若干戻ってくるお金で、過ぎた一年間、わがままで不規則な生活で迷惑をかけた家族に罪滅ぼしをするのである。

娘夫婦が山形県にいることもあって、昨年は酒田市と鶴岡市を楽しんで、泊まったところが銀山温泉。一昨年は米沢市と高畠町を堪能して、小野小町が病を癒やしたといわれる小野川温泉に泊まった。

棟方志功や太宰治、竜飛岬などの津軽。石川啄木や宮沢賢治、高村光太郎の足跡も訪ねたし、三陸海岸の日の出に感動したこともある。

旅はそれほど計画的なものではなく、市町村の様子に興味があり、暇な時にインターネットをのぞいて好奇心がうずくと、その町に電話して資料を送ってもらい、宿だけ予約して出掛ける。

だから、まず探すのが市町村。

ところが、今年は右往左往。インターネットからたくさんの市町村が消えた。

昨年春の平成の大合併のせいである。

そして、消えた町や村がどこと合併して、どういう名前になったのか分からないから、探しようがない。

何度も何度も立ち往生し、やがて、どうにかたどり着く旧町や旧村があるが、合併して大きな市や町になったせいか、小さな情報が省かれているのか、以前のような細かいところまでが分からない。

探しているうちにイライラしてくる。

そんなことを繰り返していると、「そういえば」と気づくことがある。

この一年余りの間に、県外の知人からこれに似た問い合わせの電話を何度かもらった。

例えば「以前、○○という村があったが、どういう組み合わせの合併で、何という名前になったのか」。あるいは「先日、テレビで貴県の伝統行事というのが紹介された時、町の名前が違うような気がしたがどうか」というようなことだ。

私のように、戸惑っている人が、全国にかなりいるということなのだろう。

県内のことでも、テレビのニュースで祭りや特産品などを伝える時、例えば、「仙北市の紙風船上げ」とか、「横手市のえぶりがっこ」などと紹介されると、昨年までと違う名前の市町村名なので、一瞬、間違いじゃないかと思ったり、二番せんじをはじめた所が出たのかと勘違いすることがよくある。

それからもう一つ気づくのが、新しい市町村の名前である。

角が立つといけないから具体的な名前は挙げないが、風や土の匂《にお》いも、人々の息吹もイメージ出来ない、合併したそれぞれの名前の頭文字を並べたものや、足して割ってくっつけたもの。秋田県でも、「苦労するだろうなぁ」と思う町名がある。あるいは、こっちが恥ずかしくなるような大時代的なものなど。そして、いずれもが、味わいにおいて、合併前の名前の足元にも及ばない。

もちろん、やがてなじむことで心配には及ばないのだろうが、明らかに、合併という大手術の後遺症。

そして、あっちこっちを歩いていてよく聞くのが、「合併で、町のカオがなくなった」という声。新しい市町村は、懸命に取り組んでいるのだろうが、名前の売り込みとカオ作りには、大変なエネルギーと時間がかかる。

2007年5月16日

地域を元気にする力

秋田県能代市に、「嫁見祭り」というユニークな行事が昔からあって、毎年初夏の話題になる。この一年間に結婚した女性が、打ち掛け姿で神社に参拝する。

昨年までは、神社の境内で行われていたが、今年は市内の中心商店街を練り歩いた。

能代市には夏の伝統行事の「ねぶり流し」という祭りがあるが、かさむ費用を捻出《ねんしゅつ》できずに休む年があって、消滅の危機にさらされたりした。

一方で、近県や首都圏などの夏祭りを集めて行う「おなごりフェスティバル」という、寄せ集めのイベントが人気を呼ぶというチグハグさを見せていただけに、今年の嫁見祭りの試みは注目されて、新聞の全国版にも写真入りで紹介された。

こういう例は、最近、秋田県内でよく見られる。

県南の湯沢市では、今年から、市内にある歴史的な建物や、出身の先人の仕事に光を当てる事で、地域を元気にしようと、取り組み始めた。

これまで、交流のあるドイツの中世の建物の町並みや大正ロマンをイメージした通りなどを商店街につくったりしたが、あまり功を奏さなかった。

湯沢市は、藩政時代に佐竹藩の南家が置かれた所で、小路や建物にその面影が残り、明治時代は郡の中心で、今でも郡会議事堂がある。秋田を代表する酒処《さけどころ》で、多くの酒蔵がある。人物も、日本の公開図書館の祖で、福神漬けを生み出したことでも知られる高僧の了翁の生まれた町だし、教育思想家で、大正デモクラシーといえばこの人といわれる千葉命吉の故郷でもある。

しかし、今まで、あまり光を当てなかった。「一日市《ひといち》盆踊り」で知られる八郎潟町も、一時、路上ミュージカルで盛り上がったが、国や県からの補助がなくなって、今、「やっぱり盆踊りだなあ」という声が出始めた。

横手市も似た兆しが見える。

合併した旧増田町は造り酒屋が多く、また、昔、豪農や山持ちがいて、豪華な蔵を建て、それが今でも多く残っている。それらを整備して公開しようと動き出したし、岩手県平泉町の世界遺産への申請に合わせて、藤原三代に深く関《かか》わる沼の柵址や金沢城址、隣の美郷町の後三年の役など広いエリアを持つことから、「平泉の世界遺産を応援することで横手をさらに元気にすることができないか」という声が出始めているという。

こういう取り組みを早くからやっているのが大館市である。

大館市は、忠犬ハチ公や比内地鶏で知られているが、数年前から、江戸時代の思想家の安藤昌益、プロレタリア文学の小林多喜二、「旅笠道中」の歌手の上原敏などの人物に光を当ててきた。

　バブルのころは、競ってカタカナ文字の新しいイベントを立ち上げ、ハコモノを建て、それが人々を奮い立たせ、地域を元気にすると思ったが、醒《さ》めてみると、勘違いだったと気づき、空《むな》しい精神的な漂流民になった。

　追い打ちをかけたのが平成の大合併。長い間親しんできた町や村の名前が消え、においや味も薄まり、でっち上げはパワーにならないことに、やっと気づいたのではないか。

　その時、自分たちの足元を見つめ、先人たちと、先人たちが築き上げたものを改めて評価することが、地域と、そこに住む人たちが元気になり、未来を描くよすがになると思い始めたのかもしれない。

2007年6月27日

「秋田三大盆踊り」全国へＰＲ

春に、秋田県中央部の八郎潟町での会合で若い人たちと話をした時、「我々のパワーで盆踊りをメジャーにしよう」という提案があった。

私は、一昨年の夏のことを思い出した。

秋田県内陸部にある羽後町の西馬音内盆踊りは全国に知られている。黒い覆面の彦三頭巾《ずきん》や編み笠《がさ》を被《かぶ》り、今で言うパッチワークのような端縫の衣装や、浴衣で踊る幽玄な踊りと、激しく陽気な囃子《はやし》で知られているが、盆供養とも豊年祈願の踊りとも言われ、七百年の歴史を持つ、国指定の重要無形民俗文化財である。

また、県北の鹿角市毛馬内地区で行われる毛馬内盆踊りは、今から四百年余り前、戦勝の舞いで将卒を労《ねぎら》ったのが始まりという説もあり、踊り手は、豆絞りの手拭《てぬぐい》で頬《ほお》かむりし、男性は紋付に水色の蹴《け》出し、女性が襦袢《じゅばん》に鴇《とき》色の蹴出し姿で踊るのが特徴。呼び出しの太鼓があって、若者たちが総出で、幾つもの大太鼓を打ち鳴らす。この盆踊りも国の重要無形民俗文化財に指定されている。

もう一つ、八郎潟町の一日市地区に、一日市盆踊りというのがある。起源は明らかでないようだが、一日市はその昔、羽州街道の宿場で、津軽藩の本陣が置かれるなど繁盛した所で、寛永年間にはこの盆踊りが定着していたという。

死者を弔うため、死者の仮装をして踊っていたのが、やがて僧侶や力士、花魁《おいらん》などの仮装が多くなり、今は仮装盆踊りとしての評価が定まった。

この三つの盆踊りを「秋田三大盆踊り」と呼んでいる。

最も知られているのが西馬音内盆踊りで、富山の風の盆などと共に日本三大盆踊りと言われ、毎年、全国から多くの観光客が訪れる。

他の二つの盆踊りは、外から人を呼んで見せるというよりは、地元の人々で楽しむという趣が強かった。

しかし、毛馬内地区の盆踊り関係者が、「盆踊りで地域を売ろう。そして、元気になろう」と、「県内三大盆踊りサミット」を開いたのが一昨年夏だった。

この地区は、十和田湖の秋田県側の重要な出入り口であり、大湯温泉もある。環状列石でも知られているし、日本で最も古い木造の芝居小屋の康楽館で知られる小坂町が隣にある。

しかも、盆踊りが行われる場所が古くからの商店街で、この地方で〝こもせ〟と呼ぶ〝小店〟という雪国特有のアーケードが今も残っている。

これらを売り込むと共に、「三大盆踊り」を秋田県の大型観光商品として全国に発信しようというのが目的だった。

私は、サミットのメーンであるパネルディスカッションのコーディネーターをした。パネリストは三大盆踊りの関係者で、地域活性化の核としての可能性を語り合った。

二つの盆踊りもゲストとして参加した。

その時に出た話の中心が、今まで盆踊りは地域の長老が支えていると思っていたが、実は、小中学校の総合学習で取り上げていることが多く、たくさんの若者たちが、踊り手、囃し手、裏方として喜んで参加していること。そういう若者を表面に出せば、祭りは賑《にぎ》わい、地域が元気になる、という発見だった。

八郎潟町の若者たちの話を聞きながら私は、一昨年のサミットの効果が出始めたということかも知れないと思った。

2007年8月8日

埋もれていないか個性的な特産品

三年くらい前の秋、秋田県能代市の老舗の旅館に泊まった時、翌朝食卓に上がったのが、どこでもある普通の納豆だった。

私が「檜山納豆じゃないんですね」と訊《き》くと、女将《おかみ》が怪訝《けげん》そうな顔で私を見た。私は、それ以上は訊かなかったが、能代には、「秋田音頭」に歌われている檜山納豆がある。

檜山は、能代市の郊外に位置し、安東氏の居城があった。やがてそこを治めた佐竹家の直系、多賀谷氏が水戸から持ってきた納豆がこの地に定着して「檜山納豆」となった。由緒があって歴史も深いブランド品である。

私は、能代市の主だった宿泊施設に電話して、朝食の納豆になにを出しているか訊いた。檜山納豆を出している所は、残念ながらなかった。

年が明けて、能代市の商工団体の新年会に呼ばれて講演をした時、「宿泊客に檜山納豆を提供することによって、能代の歴史や秋田音頭の話ができ、能代の魅力を売ることが出来る。付加価値の高い情報源である」と話した。

その時は、参加者たちが、考えても見なかった、という反応をした。

今年の夏、能代市の若手経営者たちがやっている子供七夕に招かれて行った時、泊まったのが、この市で最も大きいホテルだったが、朝食に出たのが檜山納豆で、納豆のコーナーに、「当地自慢の特産品です」というような説明が書いてあった。「何時《いつ》からこの納豆になりましたか」と問うと、「二年近く前からです」と答えが返ってきて、私は、小躍りしたくなるほど嬉《うれ》しかった。

最近目に付くのが、県や市町村の特産品開発や新しいブランド品作りの取り組み。この意味は大きい。今まで隣の庭の芝生ばかり見ていたのが、「地産地消」とともに、身の回りに目を向けるようになってきたからだ。

しかし、この取り組みの問題点は、ややもすれば足元を見ることを怠っていることだ。足元を見れば、磨かないから錆《さ》びているが、磨けば光り輝くものがある。

例えば横手市の「横手焼きそば」。これは戦後の横手市ではどこででも食べられていたものだったが、やがて廃れていった。それを蘇《よみがえ》らせることで横手をパワーアップしようと若者たちが取り組んで、現在のような全国に知られる食べ物にした。

その横手焼きそばと、隣の湯沢市の福神漬けをドッキングさせて、二つの市の活性化に繋《つな》げようという試みがある。

福神漬けは、日本の図書館の祖と言われる了翁という僧が、上野の不忍池の側《そば》に学校を開いた時、学生の食事のお菜《かず》として作り出したのが初めと言われるが、その了翁の生まれた所が湯沢市で、今年、没後三百年を迎えた。

また、秋田県の最大ブランド品と言えば稲庭うどんだが、由利本荘市に「本荘うどん」があり、これが稲庭うどんの師と言われていることはあまり知られていない。

今から二百七十年くらい前、佐藤家五代目の稲庭吉左衛門が、本荘うどんで取得した技術を改良して手綯《てない》うどんを確立したと菅江真澄が書いている。

なにもなくて新しい特産品を作らなければならない所もあろう。その一方で、先人が作り出したもので、ないがしろにしているものがあるとすれば、それにスポットライトを当てることこそが地域の活力になるだろう。

2007年9月26日

ミニコミ誌を育てる

旅先の旅館やお土産店、あるいは歴史を感じさせるたたずまいのお店などのレジ脇で、よく魅力的な小冊子を見かける。

手に取ってめくってみると、その土地の魅力がいっぱい載っていて、ナビゲーターの役割を果たしてくれる。

それは、単なる町案内だけではなく、文化とか歴史とか、今その町がどんな状態なのか、あるいは、どんな人やグループがどんな活動をしているのか、元気のもとはなになのかなどもよく分かり、難しくなく楽しく読める。

タウン誌とか、タウン情報誌とか言われるミニコミ誌である。コミュニケーションマガジンと言われる、テーマを絞り、広いエリアを対象にしたものもある。

新聞・雑誌やテレビにつぐ第三のメディアと位置付けたり、ミニコミ誌の存在を、その地域の文化度を計るバロメーターととらえる人もいる。

また、そのミニコミ誌が地域活性化の推進役になったり、地域の書き手を育てる役目を果たしてもいる。

たしかにルポやエッセー、詩や短歌や俳句、写真などが多く載っており、表紙の絵など、いずれも地元の人たちの作品だ。

そういうミニコミ誌の古い歴史を持つ県や地域と、なかなか育たない所があって、秋田県は育たない所なのかもしれない。

創刊されては十号前後で休刊や廃刊に追い込まれるということを、長く繰り返してきた。

今から五十年くらい前、秋田でそういう雑誌を見たのは、「秋田」という月刊誌だった。鷲尾よし子さんというジャーナリストでエッセイストが発行する硬派の雑誌で、首都圏に住む県出身者とのパイプ役も果たし、人気があったが、鷲尾さんが亡くなられて休んだ。

そのころ「秋田百点」が発刊された。当時人気の「銀座百点」の秋田版と言えるものだったが、十号くらいで消えた。

二十年くらい前、「すとりーと秋田」という、対象を比較的若い世代に絞った雑誌が出たが、これも長くは続かなかった。「きたかぜ」が出たのは十年くらい前だったかしら。なんとかして秋田にもミニコミ誌が欲しい。定着させたいと、若手のアートディレクターやデザイナーなどがスタートさせ、意欲的に取り組んだが、二十号までいったろうか。

硬派の雑誌では、文学を志す者たちに支持された「秋田文化」が、やはり五十年くらい前にあったが、休刊になった。

鷲尾さんのご子息で著名なジャーナリストが、母の遺志を継ぐように、『月刊　ＡＫＩＴＡ』を創刊したのは平成の初めのころだった。本格的な総合雑誌だった。しかし、平成九年春、通巻一一〇号余りで、惜しまれながら休刊した。

廃刊や休刊の理由はそれぞれあるだろうが、根気とか執念、意欲などだけでは持続出来ない経営上の課題があるのだろう。

広告主などのスポンサーや支える者がいなければ成り立たないのかもしれない。ミニコミ誌不毛とも言える秋田県だが、それではならじ、どうしても秋田にミニコミ誌文化を根付かせたいと、篤志の人が現れて、二〇〇五年春に、季刊の『あきた浪漫』が発刊され、この冬号で十二号。三年続いている。

協賛の店や読者が増え、書店でも売れ始め、定着の兆しが見えてきた。これが定着すれば、秋田にも新しい文化が根付くことになる。今度こそ、しっかり育ててゆきたいものだ。

2007年11月7日

限界学校

久しぶりに故郷の小学校と中学校を訪ねた。両校は、同じ敷地に並んで建っている。半世紀余り前に卒業したのだが、時々、体操場の肋木とか、中庭のウサギ小屋などの夢を見るので、少し気になって、知人を介して学校にお願いして訪ねたのである。

校舎の中をしみじみと見たのは、卒業以来のことであった。

昔は木造校舎だったが、今は鉄筋コンクリート三階建ての立派なもので、当然ながら、当時の面影は全くなかった。

校長先生から話を聞いて、びっくりしたことがあった。

生徒数のことである。

小学校が百人余り、中学校は五十人を少し超える程度だという。

私の在学中は一学年が七十人を超えていたので、半世紀過ぎて四分の一ほどになっていたのだ。

中学校で部活のことを聞いたら、男子は野球、女子はバスケットボール。共通ではブラバン。

生徒数の関係でそれしか出来ないのだという。

おまけに女子のバスケは、三年生が退部した今は三人しかいなくてまともな練習が出来ず、車で三十分ほどの所にある同規模の中学校に出掛けて、合同練習しているという。

私は言葉をなくしていた。

それだけではない。部活はそれしかないから、運動会で俊足を見せたりテニスをやりたい、バレーボールに挑戦したい生徒がいてもかなわない。

それでどうするかというと、親は子供の希望をかなえるために、そういう部活の出来る大規模の学校に越境入学させるのだという。これは、教委も学校も認めざるを得ない。

私の故郷の中学校でも五人ほどいるという。在校生率一〇％にあたる。

これでは、さらに生徒が少なくなることを心配しなければいけない。

秋田県は、今年度中に九の市や町で、十八の小学校と二つの中学校が閉校するという。

その他にも、私の故郷の学校のように、まともな部活が出来なくて去っていく子供や親たちが増えれば、今話題の「限界集落」ならぬ統廃合予備軍の〝限界学校〟がたくさんあるのではないか。

平成の大合併後、秋田県では三警察署がなくなり、多くの駐在所が廃止された。郵政民営化で、いくつかの郵便局も集配業務をやめた。店じまいした簡易郵便局もあると聞いた。

県内に八ある地方振興局が間もなく三になる。消防本部も、十万人以上の所のみにし、消防庁の目安に合わせられれば、やがて三十万人まで引き上げられるかもしれないという。

農業政策でも、大規模化しなければ営めないようになりそうだ。

これらは、明らかに地域切り捨てであり、人々は暮らしにくくなる。

そんな中で、学校はせめて、地域のよりどころ、文化センターである。学校がなくなれば、いや、あっても子供たちがイキイキとそこで過ごすことが出来なくなれば、その地域は廃れてゆく。

地域切り捨て策が進められ、そこに住む条件が悪くなると、人々はそこを去る。

少子高齢化の波をもろに被るのもそういう地域だ。

そのうち、限界集落どころか、人の住まない廃墟の集落が、ドンドン出来上がるのではないか。

それで本当にいいのか。

地域再生策、学校の役割などを真剣に考えるべきではないのか。

2007年12月19日

冬祭りのさんざめきの中で

昨年秋、雑誌社の依頼で、秋田県内陸南部に伝わる小正月行事の周辺を取材した。何度か見に行ったもの、参加したことのあるものなどがあり、漠然と頭の中にはあったが、全国に知られているものだけで、五指に余るほどあった。

例えば、横手市のかまくら、湯沢市の犬っこまつりのように優雅で落ち着いたものから、大仙市の大綱引きや美郷町の竹打ちのように男と男の激しいぶつかり合いなど。

そして、いずれも人々が大勢それに参加する。

こういう小正月行事は、県南部だけでなく、中央部や県北部にも多く、男鹿市のなまはげ、大館市のアメッコ市。秋田市の梵天《ぼんでん》は、大勢の男衆が、数十本の梵天を担いで、神社に奉納するために雪の中、先を争う。

県内各地で行われる裸参りは、下帯一本の男たちが、水を被《かぶ》って参道を駆ける。

数々の冬祭りで、秋田の冬は各地が大賑《にぎ》わいになる。冬だからといって家の中に閉じこもり、じっと蹲《うずくま》っているわけではない。

もちろん、待ち遠しい春を呼び、新しい年の家内安全と五穀豊穣《ほうじょう》を祈る行事なのだが、もともとお祭り好きで陽気な性格でないと出来ない。

秋田の人は酒も飲む。生産量もかつては日本一で、酔えば歌い踊る。

民謡の宝庫で、秋田の民謡は、ほとんど手拍子がよく似合う。車座になって手を打って歌えば、輪の中で踊りだすものが出てくる。

秋田衆はラテン系だという人がいるが、そういうところをいうのだろう。

ところが、そんな秋田県なのに、最近の大きな話題は、「自殺率日本一」という烙印《らくいん》で、なかなか改善されない。

「元気度」を調べると、最下位と出るという。

このような全国規模のデータがメディアで紹介されると、最下位とか四十位以下というのが目立つ。

数年前までは、パスポート発行率や留学生率が下位に低迷していて、国際化の遅れが指摘された。国際教養大学が開学したり、ソウル便が開港していくらか変化を見せたかもしれないが。

昨年、地価が全国最下位と発表された時は、あるメデイアが「商業地は、秋田の価格で東京を買うとすれば都心から遥かに遠い、どこかの県との境の山間の町。住宅地は、佐渡の山奥すら買えない」と表現した。

そんな所に住んでいる秋田県民について、ここに来て、行政の呼びかけで「県民性を変えよう」という動きが出てきた。

さて、県民性を変えればいいのか。変わるのか。

秋田県は、長い間、米や秋田杉、石油や鉱石や魚などの恵まれた資源を形を変えず、付加価値も高めず、資源のまま切り売りして、内にこもって過ごしてきたといわれる。一次産業におんぶにだっこで、二次産業が極端な遅れを取ってきた、という訳だ。そう見てくると、産油量日本一を誇っていたのに、その加工業がそれほど栄えず、鉱工業も同じ。米もご飯にして食べるか、せいぜいが酒。新潟県や山形県のように米菓産業が盛んでもない。

だから、マーケティングやマーケティングリサーチという「外を見る」ということを怠ってきた。そのツケが、資源がなくなり競争の時代になって露呈しているのではないか。

そういう「県の姿」そのものを変えなければならないのではないか。県民は十分陽気で、アクティブなのだから。

2008年2月6日

歴史の遺産に光を当てる

まちづくりや地域活性化の取り組みで、秋田県内の市や町に少し変化が見え始めた。湯沢市は、昨年あたりから、市の歴史と歴史的建造物に光を当てたまちづくりをはじめた。ここは、藩政時代、佐竹藩南家の置かれたところ。全国に知られた酒どころでもある。公開図書館の祖とも言われ、福神漬けの考案者としても知る人ぞ知る了翁禅師という僧や、教育界で、大正デモクラシーといえばこの人と呼ばれる、教育思想家の千葉命吉もここの生まれである。

平成の大合併で二町一村と一緒になったが、雄勝町は小野小町の生まれ在所で知られているし、日本最大級の院内銀山の跡もあり、稲川町は稲庭うどんと川連漆器、三梨牛で知られ、皆瀬村には小安峡温泉がある。

ところが、肝心の旧湯沢市は今まで、地域の歴史にそれほど関心を示さず、商店街に、外国を模した通りを作ったり、カタカナ文字の名前をつけたり、有名なアーティストのコンサートを頻繁に開催したりしてきた。しかし、それは、町をにぎわしたり住民の元気づくりにそれほど効果を表さなかった。

そういうこともあって、足元にある魅力を掘り起こそうと、軌道修正したのだろう。

これは正しいと思う。

成功している例はすぐそばにある。

仙北市角館である。

ここは佐竹藩北家のあったところ。保存してきた武家屋敷を中心にした「みちのくの小京都」として全国に知られる観光地で、住民の自慢でもある。

もちろん、湯沢市には角館のような武家屋敷がそっくり残っているわけではないが、古い造り酒屋や藩政時代の面影を残す町並み、当時をしのぶことの出来る名前の小路や町名が残っているという。そういうものに光を当てようという訳だ。

「小路の由来を書いた標柱を立てればいい」

三年ほど前に地元の商工業者の集まりに呼ばれて話をした時に、私はそう提案した。翌年から商工会議所主導で立て始め、合わせるように行政が軌道修正した。

しかし、それだけで町が元気になるわけではない。住民の反応しだいだ。

『角館』は、一日にしてならず」である。武家屋敷が保存されているだけで全国から注目されている訳ではない。住民の協力があってはじめて今のようになった。

平賀源内の指導で広まった、藩主佐竹曙山（義敦）や「解体新書」の挿絵で知られる小田野直武などによる秋田蘭画、平福穂庵、百穂父子の日本画など、住民所有の佐竹北家にまつわるものや郷土が生んだ芸術家の作品を、蔵から出して公開しているからこそ、角館と佐竹藩北家の付加価値を高めることになったのだ。

湯沢市の旧家の蔵の中にも、佐竹藩南家ゆかりの秘蔵品が眠っているのではないかと言われる。

了翁禅師や千葉命吉についても同じことが言える。

特に千葉命吉は、晩年、尾羽打ち枯らしてふるさとで亡くなっているから、資料が散逸や紛失したりしているのではないかという心配もある。手遅れになってはいけない。

平泉の世界遺産の話題で後三年の合戦に注目した横手市も、動きを見せ始めたし、八郎潟町も盆踊りと願人踊りのまちづくりに取り組んでいる。

歴史は豊かで深い。それを掘り起こして磨けば、いぶし銀のような光彩を放ち、住民が腰を上げると地域が沸き立つ。

2008年3月26日

民謡・現在、過去、未来

自宅で仕事をしていると、午後三時頃《ごろ》、食品の移動販売の車が、秋田民謡を流しながらやってくるので、鉛筆を持つ手を休めてしばし聴き入る。

聴くたびに唄《うた》が変わっており、大変な数の民謡があることを実感する。

秋田は民謡の宝庫で、多くの日本を代表する歌手を生んだことから、民謡王国とも言われる。

その民謡を、最近、聴く機会がなくなった。

若い世代の中には民謡を知らないものが多いらしく、全国にすっかり定着した「よさこいソーラン」や、秋田県が発祥の「ヤートセ秋田祭り」が、高知県のよさこい節や北海道のソーラン節、秋田県の秋田音頭が下地になっていることを知らない若者も多いらしい。

かつて民謡は、日常的に身の回りにあった。

例えば、村祭りの特設舞台の主役が民謡だったし、祝言でも、結ばれる二人を祝福して、次々と民謡が歌われた。田の畦《あぜ》での昼休みにも、商店街の売り出しのスピーカーからも民謡が流れた。

それが、なぜ聴かれなくなったのか。よく言われるのが、文化とか価値観の多様化。例として挙げられるのが、カラオケの普及。農林漁業の衰退も大きな原因の一つと言われる。言われてみれば、祝言もイベントも、村祭りも旅のバスの中もカラオケ。農作業の機械化が進み、〝結い〟がなくなって畦の賑《にぎ》わいが絶えた。

民謡が歌われる機会が消えて、民謡歌手の出番がなくなったのは事実だ。一方で、民謡の歌い手や、楽器の弾き手は育てられている。

師範、教授という人たちがいて、全国に教室を開き、そこで民謡愛好者に教える。一年の大半を、教室回りに費やしているプロもいるという。

また全国各地から、歌い手や弾き手を目指して、名の知られた師匠の下にやってきて修業するものも多い。

全国各地で有名民謡の全国コンクールが行われ、そこで腕を競う。盛んになれば地域活性化の効果があるといわれ、優勝すれば箔《はく》がつくというわけだ。

秋田県では、十二の民謡のコンクールが行われている。競うのは、中に素人もいるらしいが、教室でけいこしているもの、内弟子修業中のもの、セミプロ、プロがひしめき合い、上位はほとんどそういう人たちが占める。

何年かかけて十二曲を制覇したものもいるらしいし、それを狙って挑戦し続けているものも多い。

しかし、一般の人は、そういうところにわざわざ聴きに行こうとしない。せいぜい、新聞で結果を知る程度である。

津軽には多くの民謡酒場があって、全国からそこを目当てに観光客がやってきて、観光資源としてもパワーを発揮していると聞くが、秋田には、なかなかそれが育たない。

秋田県は「観光立県」を標榜《ひょうぼう》し、県外から観光客を呼ぶ対策を講じているようだが、民謡とドッキングしているとはあまり聞かない。

たぶん、民謡の宝庫、民謡王国と言われても、県民は、それがそれほど価値のあるものだと思っていないか、そういう財産があるという意識がないのではないか。

その価値を認めなければ、宝の持ち腐れである。

というより、朽ち果ててしまいかねない。磨き育てるためには、聴く手立て、聴かせる方法を本気になって考えなければならない。それが、素晴らしい財産を持っているものの務めだろう。

2008年5月21日

藤田嗣治と市街地衰退防止

かなり前にこの欄で触れた世界的な洋画家の藤田嗣治を、秋田市の中心市街地衰退防止の人寄せパンダに利用しようとして、今、秋田県の話題になっている。

藤田嗣治は、昭和の初期、秋田市のコレクターのところに身を寄せていたが、その時に描いた「秋田の行事」という縦四メートル近く、横二〇メートル余りの油彩画があって、それが佐竹藩城跡の千秋公園入り口、お堀の側《そば》に建つ県立美術館に並立した、コレクターの名を冠した美術館の一階に展示されている。

しかし、このことは、知る人ぞ知るのみであまり一般的ではない。もったいない話だ。

県立美術館といっても、日本画の福田豊四郎や洋画家の伊勢正義、版画家の勝平得之ら県出身作家の作品が展示されているわけではなく、アマチュア作家たちの展覧会が主で、現在活躍中の人も含めて、一流作家たちの展覧会は、近くの生活文化会館内の市立千秋美術館と、横手市の県立近代美術館で開催される。

私は、藤田嗣治と勝平得之の作品を県内外はもとより、外国の人々からも、もっと見てもらいたいと思い、そのためには、コレクター名の美術館を「藤田嗣治美術館」に、勝平得之の作品を展示している「赤れんが郷土館」を「勝平得之美術館」にするべきだと言い続けている。コレクター名の美術館には藤田の作品がかなりあるし、藤田が集めた西欧の有名無名の作家の作品が多く展示されている。

赤れんが郷土館にも、勝平得之の作品のほかに本人が収集した内外の作品が多くある。

しかし、何故かそうしない。

そしてこのたび、寂れてゆく秋田駅前周辺、いわゆる中央街区といわれるところの再生の目玉として、そこにある県所有の病院などの跡地に、並立する二つの美術館を移転しようという話が具体的になった。

現在地と目と鼻の先である。なお、すでに側に前述の市立美術館がある。

詳しくは知らないが、青森駅近くにある県立美術館や金沢市の美術館はにぎわいを創《つく》っていると聞く。それを見本にしようとしているのかもしれないが、たしかそこは、その美術館に、空間を利用したいろいろな試みが付加されて、その価値を高めているのだという。

翻って、横手市の県立近代美術館はどうか。

時々大きな企画展を開催し、たまに足を運ぶが、秋田市から自動車道で一時間余りも離れているせいかそれほどにぎわっていないし、内陸南部の活性化や文化レベルの向上にそれほど役立っているとも思えない。それは、建物と芸術作品があるというだけではそれほどの力を発揮できず、その空間を躍動的に利用するという発想が不可欠だという証左だ。

また、中央街区ににぎわいを創ろうとして数年前、そこに県立の定時制・単位制の高校を移転した。にぎわいが生まれたかどうかは判断が分かれるところだが、その高校には敷地内に屋外運動場がなく、かなり離れた旧校舎跡地まで行かなければならない。

美術館の移転も、中途半端さにおいてそれらの二の舞いか轍《てつ》を踏むような気がしてならない。藤田嗣治の作品を多くの人に見てもらいたいし、見せてあげたい。しかし、決して見世物ではない。

城跡の、お堀に影を落とし、木立に囲まれた瀟洒《しょうしゃ》で閑静な佇《たたず》まいの美術館こそ人を招く。ハコモノを作ればいい訳ではない。移転する必要はなく、名前を変えてあげるだけで十分だと私は思うのだが。

2008年7月2日

三セク鉄道の憂鬱

秋田県の内陸を、北部の北秋田市と、南部の仙北市を結ぶ九四キロほどの、第三セクターの鉄道が走っている。

秋田内陸線といい、いまは二市だが、先の合併前は七つの町と村を二十九の駅に停《と》まりながら、二時間半かけて走る列車である。

もともとは、日本三大銅山の一つの阿仁鉱山で産出された鉱石を運ぶために敷かれた鉄道である。

沿線一帯は、花の百名山の一つの森吉山の麓《ふもと》の、湖や滝に恵まれた景勝地である。マタギの里としても知られ、小説や映画の舞台にもなり、志茂田景樹の「黄色い牙」が昭和五十五年、熊谷達也が「邂逅の森」で平成十六年、それぞれ直木賞を受賞した。

一つはすでに閉めてしまい、もう一つも気息奄々《えんえん》だが、昭和六十二年冬に、国土開発が二つのスキー場をオープンし、「鉄道も西武が引き受けるかもしれない」という噂《うわさ》まで立ち、一時、大きな期待感が広がった。

田沢湖もエリアに入る。

一帯は、県内でも過疎化や高齢化の進み方が早いところで、第三セクター鉄道は青息吐息状態が続いているのである。

年間三億円近くの赤字を出し、半分を関係の町村が負担し、半分を筆頭株主の県が出して穴埋めをしてきたが、これが、県や町村の財政を圧迫する。

地域では「住民の足を守れ」と言い続けるが、人口が減り、車社会が進み、鉄道と並行する国道一〇五号をマイカーが走る。

観光も右に同じで、奥羽線などで運んだ客を、バスに乗り換えさせて森吉山麓《ろく》に向かわせたりする。

車体をカラフルにし、女性車掌を採用したり、お座敷列車を走らせたり、沿線の若者たちが車内で特産品を売ったり、全国から贈られた本を駅舎に並べて図書館駅にしたりしたが、客は減るばかり。

市町村合併を機に、それまで支えてきた村の一つが財政難を理由に脱退。県も近い将来、穴埋めをいまの半分にすると言い出し、鉄道は立ち往生寸前に追い込まれる。

なのに、市長選や県議選の立候補者は、公約に内陸線問題をほとんど取り上げない。なまじ取り上げて集票への影響を慮るせい。

昨年、知事が「来年九月までに、存廃の決断をする」と言った。

ここへ来て、「小中学校は、スクールバスから、列車通学へ」とか、「沿線に住む市役所職員はマイカーをやめて列車通勤を」とか。「県庁職員は夏期休暇を利用して家族と内陸線の旅を」と知事が呼びかけるなど、場当たり的としか思えない感情的な発想が蔓延《まん》し始めた。

私は、この件に十五年くらい前から関心を持ち、「森吉山麓をリゾート地にし、内陸線を観光列車と位置づけ、北のあきた北空港と南の秋田新幹線を繋《つな》いだ観光ルートを開発するべきだ」と提案し続けてきた。特に、赤字補填《ほてん》の三年分を先行投資して、昔トロッコ線路だった地盤を強化し、北と南を一時間ぐらいで繋ぐ列車も走らせるべきだ、と地元民に話し、代議士や県の幹部にも直訴したことがある。しかし、素人の話に耳を傾ける人は少なく、なお、具体的長期的展望もないまま、現在に至った。

廃止すれば、地域衰退の坂道を転がるスピードがさらに増し、存続すれば赤字の穴埋めに苦しむ。

地域や関係者の当事者意識の低さと、本腰を入れる時期を失したせいだが。

さて、九月、知事がどう決断するか。

2008年8月13日

無駄遣いと行政「改革」

平成の大合併を待っていたかのように、秋田県内の警察署が三つなくなった。

他の県が『地方振興局』という名で活躍している県の出先機関を、長い間『地方事務所』と言っていた秋田県が、数年前、やっと『振興局』に〝昇格〟させ、「サアこれから」という時になって、こんどは八ある振興局を、来年度から三にするという案が議会に諮られ、県民が面食らっている。

行政改革の一環らしいが、私も県民サービスが低下し、地域格差ができ、活性化が殺《そ》がれるのではないかと危惧《きぐ》している。

これと似たことが市町村にもあって、こちらの方はもっと日常生活と密着しているから、ちょっと厄介《やっかい》である。

秋田県内の市町村が、かつて競うように温泉を掘った。六十九の市町村のすべてにあると言われた。これは、八十六年の『ふるさと創生一億円事業』が生み出したものである。

当時、政府が全国三千余りの市町村に、その大小にかかわらず、一億円のお年玉をくれた。

全国の市町村が金のこけしを作ったり、田んぼの真ん中に豪華な村営の居酒屋を建てたり、ちょっとした狂想曲が響き渡った。

秋田県で多かったのが温泉掘りだった。

私は、「地域作りに何の効果もない無駄遣いだ」と指摘し、やがて、『昔、温泉。今、道の駅。』という本まで書いた。

しかし、そこそこの人気を得て、そこを拠点にしたコミュニティーが出来上がった。でも、それほどのコンセプトもなく掘って建てた金喰《かねく》い虫施設で、しかも経営が第三セクターという武士の商法。行政としては、しだいに負担感が強まり、持て余す。

そこに平成の大合併。六十九あった市町村が二十五になったから、市によっては六つもの温泉を抱えるところが出た。そしてついに、民間にただで払い下げたり、管理者や経営者を募り始める。あまり深手にならないうちに手放そうというわけだ。

そのほか、大きな遊園地の施設を休ませたり、行政の補助で行われていた夏祭りなどのイベントが、補助の打ち切りで次々と取りやめになる。

そこに、最も衝撃的な事柄が襲った。秋田市が、七つの観光・交流施設を、順次廃止、譲渡すると発表したのだ。そして、リストアップされたものの大半が平成の大合併で吸収された町にあるものだった。

温泉も施設もイベントも、当時の町や村の意図するところとは少し異なるが、そこに近くの人達が集まり、あるいはよそから人が来て、にぎわいをもたらしていた。そのよりどころになっていたのだ。

それを今度は、作るときとは逆の発想で、行政コスト削減の名の下に、机上で線を引き、そこからもれたものはバッサバッサとなぎ倒す。

駐在所がなくなり、小学校や中学校が統廃合で遠くなり、イベントをやめ、温泉も交流施設もやがて閉まってしまう。

しかも、ほとんどの場合、行政の心臓部から遠いところのものだ。

私は、公共の温泉施設が税金を使って町の旅館を店仕舞いに追い込み、道の駅併設の物販所が地域の商店を圧迫しカーテンを閉めさせる、と言ったが、こういうものを住民の意思に関係なく無造作に作り、住民の気持ちを斟酌《しんしゃく》せずに壊す。

これは、そういうところに住む人々の息の根を止めることでしかない。

2008年10月8日

少なくなった子供たち

秋田県能代市でバレエ教室を主宰している知人のたなはしあゆこさんが五十周年を記念して発表会を行い、彼女を支援するグループが祝賀会を開いた。

私も招かれて出席した。

バレエは全くの門外漢なので、素晴らしかったと言うしかないが、パーティーは賑《にぎ》やかだった。

保育園や幼稚園の園児や小中学生などの教え子たちが会場にたくさんいて、歌い、舞い、拍手し笑い転げ、はしゃぐ。

ジャズダンスをやっている若い友人の長谷川咲子さんも、秋田市内に教室を持ち、毎年の暮れに一年間の成果を発表するが、そこにもたくさんの子供たちが集まってくる。昨年秋田県で開かれた「わか杉国体・わか杉大会」の開会式や閉会式のマスゲームの振り付けをしたりし、地域にも貢献して表彰され、その祝賀会でも子供たちが大活躍して盛り上げた。

私は、そういう機会に元気な子供たちをたくさん見ているのに、今まで気づかなかったのだ。

秋田県では、この五年間に千五百人も子供たちが減ったという。この数字は、毎年、中規模の小学校が一校ずつなくなってきたということだ。

若者は結婚しない、しても子供を産まない。少子化は進む。

実現しなかったが、秋田県は、子供が生まれ、その子を育てるために新税を作ろうとまでした。税金は、やや的外れのところもあって実現しなかったが、子育ては秋田県にとって大きなテーマに違いない。

私も、地域活性化について発言し、若者が元気で暮らすことがその柱になる、と言い続けてきた。

小中学校の統廃合に異議を唱え、一方で、限られたスポーツしか出来ない僻《へき》地《ち》学校の対策が必要、と言ってきた。

生まれ故郷の小中学校を訪ね、校長や教頭と意見交換をしたこともある。

しかし、肝心の子供たちの姿をじっくり見ることを怠り、怠っていることに気づきもしなかった。

少なくなった子供たちは閉塞《へいそく》感にさいなまれ、意気消沈し、覇気を失い、親たちが途方にくれていると思っていた。

私が住む地域でも、朝夕登下校する数人の小学生しか見ることができない。

核家族化が進み、若者が農村を捨てて都市部に住むようになり、農村地帯は年寄りだけになってしまった証左だろう。

このままでは、本当に未来がなくなってしまう。そういうところにばかりに視点を置いていたのである。

もしかすれば、国や県の取り組み方の基本もそうなのかもしれない。

小中学生の学力テストの結果を発表する、しないの論争もそうかもしれない。

しかし、この度のパーティーで、子供たちの溌剌《はつらつ》とした様子を見ていて、背中をドンと叩《たた》かれた。

責任をどこかに転嫁するつもりはないが、子供たちの、この元気さを見ていない大人が、たくさんいるのではないか。そして、ただ単に悲壮感だけを持ち、本当は子供たちの未来とはあまり関係のないことのみ議論していはしないか。

私は、かつて、「子供たちの笑い声がはじける町を作る」を町作りの柱にしていた首長とよく話をしあったことを思い出した。

伸び伸びと明るくて元気な子供たちに今と未来の道標を示してあげることが、若者たちが結婚し、子供を産み育て、地域がイキイキする最大の手立てだ、とはしゃぐ子供たちを見ながら思った。

2008年11月19日

「世界遺産候補」の生かし方

昨年後半の秋田県は、いくつかの世界遺産候補が取り上げられ、暮れから新年にかけて〝世界遺産ムード〟一色になるのではないかと思われた。

秋ごろに本格的に話題になったのが「北海道・北東北を中心とした縄文遺跡群」の世界遺産暫定リスト入り。その中に鹿角市の大湯環状列石と北秋田市の伊勢堂岱遺跡が含まれている。

大湯環状列石は八十年くらい前に発見された、共同墓地ではないかと見られる遺跡。伊勢堂岱遺跡は十年余り前、大館能代空港のアクセス道路建設中に発見され、道路を迂回《うかい》させたほど大規模な遺跡で、縄文時代、人々がそこで暮らしていたのではないかとみられ、今も発掘が続けられている。

もう一つは、千三百年続く鹿角市の正月行事の「大日堂舞楽」で、国内のいくつかの舞楽とともに無形文化遺産としてユネスコに提案された。

さらに、「平泉」関連で、横手市と美郷町の「後三年の合戦」。

これは平泉文化のルーツで、この合戦で勝利した藤原清衡が岩手県江刺経由で平泉に入り、黄金の浄土文化を築く。

二つの市と町には、多くの史跡が残っている。平泉の世界遺産への登録は延期されたが、さらにエリアを広げ、視点を変えて取り組みなおすことになった。こういう時こそ後押しすべきである。

世界遺産に登録されれば世界的に注目されることになるし、観光立県を標榜《ひょうぼう》している秋田県としては、願ってもないこと。

これは、観光のみならず、県民に与える自信とパワーは計り知れない。すでに白神があり、さらに力強い財産と話題を四つも抱えている県は、国内にあまりないだろう。

秋田県は、「自殺者が多い」とか、「高齢化と少子化が進み、人口減少と過疎化が著しい」とか、「内弁慶だ」とかいう話題ばかりが多い。せっかく小中学校の学力テストで全国トップになっても、大人が寄ってたかってネガティブな方向に持っていってしまう。

そんな秋田県なのだから、この世界遺産の話題は、本来なら、官・民・学あげて取り組むべきであろう。しかし、それほど話題にならない。

鹿角市がキャンペーンを始めたとか、北秋田市が青森の三内丸山からアドバイスを受けたという話を聞かない。横手市は一昨年腰を上げたが、その後どうなったのか。

地元の大学も、蓄積も意識も依頼もないのか、何もしない。

メディアも地方紙がたまに取り上げる程度。

私は、それぞれの関係筋に「何かするべきではないか」と働きかけたり、新聞や雑誌に書いたり、自分がＤＪを務めるラジオ番組で話したりしても、所詮《しょせん》は門外漢の戯言《たわごと》と、誰も耳を傾けない。

その根っこのところにあるのが、その昔、米や鉱山や秋田杉や、石油や魚などの良質な天然資源に恵まれ、それを切り売りして暮らしてきて、「外を見ない」「進んで行動しない」「行動すると足を引っ張る」というこの県特有の悪しき県民性なのか。

結果として、ネガティブなことばかり表面に出てしまうのだとすれば、早く思い切って、従来とは違う発想や行動をしなければならないのではないか。

この「世界遺産」というテーマは、いずれも複数の県との連携が必要なものばかりで、意識改革の絶好のチャンスである。

２００９年１月14日

ソウル便と秋田の国際化

秋田県の国際化の遅れは、長い間抱えている課題である。十数年前の国の調査で、海外旅行率が全国で四十七位。パスポート発行者率もそれに並び、行く、来るを含めた留学者率もそこら辺にいた。それが昨年の調査で、渡航者率が四十六位。国際化対応が消極的なのかもしれない。

原因はいろいろあろう。中でも県民性。というより県の歴史的な取り組みに問題があった。秋田県は、米、石油、鉱山、秋田杉、それにハタハタと良質な天然資源に恵まれ、それをそれほど二次産業化せず、切り売りして生計を立ててきた経緯がある。それで十分だったのだろう。商品を売るために外に出て、世間の様子を見て対応するという習慣を身につけなかった。私はそれを、「秋田をダメにした五大天然資源」と言っている。

一方で、かつて秋田大学鉱山学部という世界に誇る大学があって、そこに世界の若者たちが集まって学び、日本の若者たちも多くそこから翔《と》び立った。言ってみれば、秋田県の国際化の中心となるべきところだった。しかし、当事者にその意識が希薄だったのか、やがてその役割が薄くなり、学部も変質してゆく。

こういうことが「外を見る」という芽を育《はぐく》まなかったのだろう。

だが、最近は変化を見せてきた。いろいろ議論はあったが、二〇〇四年に国際教養大学が開学し、全国から世界に目を向ける若者たちが集まり、外国からも多くの留学生がやってきた。これは秋田県の国際化推進の大きなパワーになる。

また、二〇〇一年秋にソウル便が開設され、対岸の国を結ぶ空の道ができた。それは同時に、世界と繋がるハブ空港として生かす役割をも担うだろうという期待も高めた。

秋田県はこれらの取り組みで、遅れている国際化に大きく弾みをつけるはずだった。井の中の蛙《かわず》の私も、国際教養大学開学に少しだけ汗をかき、ソウル便で韓国に出掛け、ほんの一部だけだが擦ってきた。

しかし、そのソウル便は、思うように客足が伸びず安定しないから、低空飛行を続け、なかなか水平飛行に入れない。ここ数年は、半年刻みで存廃が論じられてきた。

なぜなのだろう。

もしかすれば、県と県民は、勘違いしているのかもしれない。

韓国の客を迎えるのは、単に観光だったりスキーだったり、ゴルフだったりと、オンリーワンでもベストワンでもない、どこにでもあるものばかり。

韓国に行くといってもキムチだとか垢《あか》すりの話ぐらいで、二度三度行くほどのことでもない。

一方で、道ができたら、学術文化や産業が往復するはずで、それが人々の交流を促し、双方の国や地域をイキイキさせる。

しかし、ソウル便開設以降、見本市や展覧会、学会などのイベントが開催されたという話を聞かない。秋田県のそういう企画が韓国で行われたという話も耳にしない。

そういうことこそ重要なのだが、「ハコモノは作ったが、それを官も民もソフト化しない」のだ。

開設の原点を見つめた取り組みが求められる。

あるいは、原点が間違っていたら、軌道修正しなければ、国際教養大学が秋田大学の轍《てつ》を踏み、ソウル便が廃止になる日が近いかもしれないし、それがさらに国際化を減速させてしまうことになる。

2009年2月25日

かつて賑わった市民市場

かつて秋田駅前の市民市場は、土、日などは、縁日のように、人をかき分けなければ歩けないほどの賑《にぎ》わいを見せた。

鮮魚、海産物、青果から日用雑貨、衣料品まで、百余りの店が並び、いずれも対面販売、売り手と買い手の秋田弁が飛び交い、人間関係の温《ぬく》もりを醸し出す秋田の台所であり、庶民の百貨店だった。

私はその雰囲気が好きで、よく出掛けた。

この市民市場が開設されたのは、戦後の昭和二十六年。八郎潟で獲《と》れた潟魚を秋田市に持ってきた、「ガンガン部隊」といわれる行商のカアサンたちが、そこで店を開いたのが始まりといわれる。

ガンガンというのは、ブリキでできた、大き目のミカン箱ぐらいの容器のことで、それに潟魚を入れて背負い、列車で県内各地を売り歩いた女性たちをガンガン部隊と呼んだ。

八郎潟は、昭和三十二年に干拓されるまで、琵琶湖に次ぐ日本で二番目に広い湖だった。

淡水と海水が混じる富栄養湖で、ワカサギ、フナ、ハゼ、シジミ貝などが多く獲れ、当時、三千人もの漁師が生計を立てていたという。

湖畔の町には、潟魚によるつくだ煮製造業が多く生まれ、現在も続いている。八郎潟に近い、古い歴史で知られる五城目町の朝市にも潟魚が並べられた。

また、冬の氷下漁や秋の打瀬《うたせ》船漁は風物詩として全国に知られる。ボラ漁も盛んで、「張切」という定置網漁法は、時には一獲千金をもたらしたという。湖畔には、いくつものボラ塚があり、古いものは安政年間のものもある。

このボラ漁は見ていても楽しいものだったらしく、藩政時代佐竹の殿様もよく見物したという記録があるらしいし、干拓直前まで見物客を乗せた遊覧船が出ていたという。

市民市場と八郎潟は、深く関《かか》わって一つの歴史を作ってきたといえる。

八郎潟は干拓によってすっかり形を変えた。大半が農地となり、周辺に残ったところが残存湖といわれた。八郎湖といわれるようになったのは最近である。

農地は大潟村となり、日本農業の輝ける未来を描くはずだった。しかし、右往左往する農政の犠牲の象徴的なものになった。

八郎湖も、かつての豊饒《ほうじょう》の湖の影も形もなくし、流れ込む生活廃水を浄化できず、アオコが発生し、国内でも数少ない幾種類もの藻を絶滅させ、漁業も全くかなわず、瀕死《ひんし》の湖の状態である。

八郎潟はかつて日本第二の湖だっただけに、今の状態を湖と認めるのに躊躇《ためら》いがあるのか、長い間、残存湖と蔑《さげす》みの呼び方をしてきたのが災いしているのか、浄化とか活用に取り組む姿勢が弱いように見える。

ここ数年、やっと「八郎湖を蘇《よみがえ》らせよう」という機運が高まってきたが、中途半端さは否めない。

市民市場も、平成十四年に建て替えられたが、スーパーやコンビニの展開に押されて、かつての賑わいはなくなった。

そんな折、市民市場は、食の観光名所として売り出そうという取り組みをはじめた。県都秋田市の駅前だし、周辺にホテルが多いから、これは面白い。そこには食だけでなく、秋田弁のやり取りという言葉の文化がある。

八郎潟と深く関わる歴史もある。

八郎湖を蘇生させ、市民市場に人々が集まるようになれば、中心市街地活性化と秋田県がもっと元気になるための起爆剤になるかもしれない。

2009年4月22日

茅葺き民家

秋田県内で最近、茅葺《かやぶ》き古民家の事が、度々、メディアで取り上げられる。

例えば、国の重要文化財の西馬音内盆踊りで知られる羽後町には、八十七軒の茅葺き民家が残っていて、うち三割は何とか残したいと思っているという記事が、相次いで新聞に取り上げられた。

二十年前には、二百六十軒ほどあったが、新築のために解体されたり、トタン屋根になってしまったという。

理由は葺き替えなどの維持管理費用が高い事と、葺き替え職人が高齢化し少なくなっていく事だという。

日本海沿いの青森県との県境の八峰町には、二百年前の原風景がそのまま残り、人々に桃源郷と言われている手這坂という地区があり、今は人が住んでいないが、赤や白、ピンクのモモの花が咲き乱れるこの地区には四軒の茅葺きの民家がある。

十年ほど前、県内でグリーンツーリズムの活動を続けていた大学教授の呼びかけで、地元の人達が中心になって景観保存の会を発足させ、活動を始めた。建物が民家という事で、行政の補助が受けられないなどの縛りがあって思うに任せず、先細りしてしまったが、今年に入って、資金集めなど、保存のための活動をもっと積極的にしよう、という機運が高まってきたという。

こういう活動の例を挙げると、根子番楽や根子マタギの里、北秋田市阿仁の根子地区も、源氏や平家の落人集落といわれる歴史のある所だが、そこの築百年余りになるという茅葺きにトタンを被《かぶ》せた無人の古民家を、地元の篤志家が買い取り復元し、集落を訪ねてくる人達のために飲食も小さなイベントもできるようにして開放している。

また、新しい話題としては、映画「釣りキチ三平」の、一平爺さんの家として使われた家も茅葺きの古い民家だが、ここも無人の家で、解体が決まって数日後に取り壊すという時に、ロケハンの目にとまり、若干修復して使ってもらうことになり、残った。

最近は、映画の人気もあって、週末はバスツアーも行っている。

この家がある五城目町は、県央内陸部にあり、五百年続く五城目朝市などで知られる町だが、「一平爺さんの家」のある地区を中心に茅葺きの民家があり、町では、葺き替え費用の三分の一を補助する事によって保存を支えている。

今、なぜ、古民家が話題になっているのだろう。

もしかすれば、格差社会、派遣切り、将来展望が開けない、人々の心の触れ合う場所がないなど、索漠とした社会になってしまって、癒やしや温《ぬく》もりを、昔の人達が精魂込めて作り上げた、百年以上の歴史に耐えてビクともせず、寄りかかるとしっかり支え、抱きとめてくれる親父《おやじ》のような、そういうものに求め始めたせいかもしれない。

一方で、一回の葺き替えに百万円単位の費用がかかるというし、昔は集落ごとにあった茅刈り山がなくなって、茅がたやすく手に入らない。

職人も県内には二十人ほどいるというが、高齢化が進み、後継者がいない。行政の助成も、財政逼迫《ひっぱく》で厳しくなるだろう。

こういう文化資産はほうっておくと見る間になくなる。残すためには、単なる一地域や個人の取り組みではなく、全国的なテーマとする必要があるのかもしれない。

2009年6月10日

壊れてゆく「地域」

今度は斎場がなくなるという。旧市内にある斎場の拡張が計画されているので、そちらを利用するように、というのだ。

数カ月前には、奥地まで行っているバス四路線の廃止が決まった。最寄りの駅まで、ジャンボタクシーを走らせる計画があるらしい。

二つとも平成の大合併で秋田市になった、私の住む町と隣町の例である。合併からほぼ四年。地域は小刻みに変化を見せ始めている。

この四年ほどの間に春と夏の祭りが消え、雪祭りもなくなった。そのいずれも、合併前は町の補助で行われていたが、合併後、その補助が削られたらしく、ついに行き詰まった。

楽しみにしていた花火大会や、秋田県の〝へそ〟と定め、公園を作り神社を建てた子宝祈願も、もうかなわない。

福祉交流センターという施設の中に、待望の市立図書館の分館ができたのは二年くらい前。

今年、地域の文化関係者が応援団を作り、さらに有効な図書館活用をしようという取り組みが始まったばかりなのに、そこの広い駐車場に、統合した保育所が建つことになって工事が始まった。

静かさが求められる図書館と、にぎやかさが弾ける保育所は両立しないのではないか、という住民の声に行政は耳を貸すことはなかった。

隣接していた、老人たちに人気のグラウンドゴルフ場もそのためにつぶされた。

雪祭りは、その駐車場が会場だった。

平成十七年ごろだったから、合併前後のことだ。町の公共施設が集まっている所に駐在所が新築された。合併を機に安心安全な暮らしのテコ入れかな、と思ったら、町内に三カ所あった駐在所が二カ所に統合されたのだった。

この時、県内では三カ所の警察署が廃止され、それまで二百三十あった交番や駐在所などが百四十九に減らされた。

秋田県はそれまで六十九あった市町村が、合併によって二十五になった。この合併は、七、八市町村が一つの市になるなど、強引ではないか、と一部で言われたが、結果として一つの市に二つの警察署がある、という〝異常〟現象が起きた。それが行政改革とつながっての廃止だった。それは交番や駐在所も同じことだった。

ちょうどそのころ、県内の簡易郵便局が、五百ほど減る、とメディアが報じた。郵政民営化はそういうことをしない、と「ユニバーサルサービス」という言葉を使って約束したが、へき地や過疎地には容赦がなかったというわけだ。

秋田県は前知事時代、九ある地域振興局を三にしようとした。これは、平成の大合併で、まだ足腰が定まらない市町村にとっては酷だという反対意見もあってあきらめたが、新知事が「十月ごろ検討に入る」と言った。

行政の財政逼迫《ひっぱく》は想像を絶する状態なのか。

市民は、地域が崩れてゆく状態にたじろぎ、うろたえ、おののき、あきらめる。

二十八年間、ハコモノを造り、特産品を開発し、施設や企業を誘致し、それらのソフト化に努め、地域の元気作りをし続けたある元町長が、「すべてを財政再建に収斂《しゅうれん》させ、財政が立ち直った時、地域が滅びていた、ということにならないか」という意味のことを雑誌に書いていたが、このままでは地域が崩壊してしまいかねない。

これが本当に、私たちが求めていたコミュニティーの可能性と、未来のための陣痛なのだろうか。

2009年7月23日

市民主役のまちづくり

能代市に「まちづくり会社」が誕生した。地域活性化のための活動を、支援したり、行ってきた人たちが、自分たちでまちづくりをしようと立ち上げた会社である。

能代市は、県北に位置する日本海沿岸の町。その昔は、北前船の寄港地。米代川の河口で、かつて秋田杉の集積した木都。

今は、バスケの町として全国に知られている。

しかし、国産材需要が、外材に押されて激減したうえに、価格が下がり、それに代わる産業や、地元を元気にするものが生まれず、鉄道は奥羽本線から五能線という支線に入った駅が最寄り駅。県北に伸びつつある高速道路も、中心地からはるか離れたところを走り、インターチェンジも遠い。

この町の中心にあった大型病院が郊外に移転し、これも中心部にある大型店舗も移転計画が具体化して、駅前や中心市街地のシャッター街化に拍車がかかった。

これまでは、周辺の町村を巻き込んだヒト、モノ、情報の受発信の役目を果たしてきたが、そういうものが外に出てゆくようになってしまった。

これではならじと、若い商工業者や心ある市議などが、行政に頼らずに街をよみがえらせよう、と考え始めたのが三年くらい前だったと思う。

私は、そのメンバーの中の何人かと知り合いだったので、時々口を挟むことがあったが、ほとんど外側で、その様子を見てきた。

昨年春ごろから市との話し合いを続け、市のバックアップを取り付けてスタートした、というわけである。「ふるさと雇用再生特別交付金」を利用する事業である。〝会社〟にした意味は大きい。

ボランティアだとどこかに甘えが出てしまいかねない。ＮＰＯでも腰が引けるかもしれない。その点会社だと、失敗すれば場合によっては負債を抱え込んでしまうから、それは許されないので本気度が違う。

会社にすることによって退路を断ち、腹をくくり、腰をすえることになる。

能代駅前の空きビルの一階を借りて、市民に、読み終えた本の寄贈を呼びかけ、その本を読むスペースを設け、欲しい人には頒《わ》けてやる商売を始めた。地場特産野菜直売のコーナーも作った。バスの待合所も設けた。

自転車を二十台購入し、レンタサイクルも始めた。市民や初めて能代市を訪れた人に、街を散策してもらおうということだ。

特産品の開発も企画のテーブルに上っている。

八月から、週末のみ放送、聴取範囲一〇〇メートルのミニＦＭラジオ放送局も開局した。このＦＭ局は、毎月一回、地元各界のトップリーダーに本音の話を聞くコーナーがある。聞き手は私が引き受けた。一回目が市長、二回目は商工会議所会頭を迎えた。

この放送には、地元の高校生や先輩の大学生たちがボランティアで積極的に参加している。そういう人材の活性化効果も見逃せない。

この活動に刺激されて連動していることもある。

中心市街地の下ろされたシャッターに絵を描く、美術愛好家や高校の美術部員の若者たちが現れた。その絵を見に来る人たちでにぎわいを作ろうという試みである。

こういう活動が各地に芽生えれば、官製のお仕着せでない市民主体のまちづくりができ、市民の意識も変わり、街も人も元気になるだろう。

２００９年９月16日

市立図書館分館を舞台にイベント

きっかけは一年前の酒の席だった。地元のコミュニティーFMラジオ局の忘年会で、斉藤学さんから声をかけられた。斉藤さんは県庁定年後、無農薬野菜などを作りながら小説を書き、地元新聞社の文学賞を受けている。

「あゆかわさんの考えていることを実行しようよ」

無責任な私はすっかり忘れていた。二年くらい前に、市立図書館の分館が私たちの住む地区に開館した時、分館長に「図書館を拠点にした文化活動ができるといいね」と言ったが、そのことだった。

私たちの住む河辺地区は、平成の大合併で秋田市に組み込まれた〝旧河辺町〟。町には図書館がなかったし、書店もない。

一方で、合併によって祭りやイベントなどが消えてゆく。いずれも町時代に行政が行ったり補助でやってきたもので、それを打ち切られるとひとたまりもなかった。

このままではやがて秋田市のへき地、過疎地になってしまう。そうならないための何か手立てはないものか、と考えていた時の、言ってみれば思い付きだった。しかし、あまり企画力がなく、行動力も鈍い私は、言いっぱなしでそのまま忘れていた。

斉藤さんは農作業の合間に分館を訪れ、本館にある資料を取り寄せてもらったり、そこで原稿を書いたりしているうちに分館長と会話するようになり、私の思いつき提案が話題になったらしい。

何でも言ったり書いたりするが立ち上がるのがおっくうな私は、さして具体的なことが思いつかなかったが、お金がかからなくて地域の人々の文化的な部分を刺激するものができないか、ということを三人で話し合った。

そして、二人だけの「図書館応援団」を始めたのである。

斉藤さんは民謡歌手としても一流で小説を書いているし、私は詩やエッセーを書き、秋田弁の収集と解説も手がけている。まず私たちが地区の人々にそれらの魅力を語ってみよう。それから地区出身で各界で活躍している人たちに声を掛けて協力してもらおう。

地域の文化を掘り起こそう、創《つく》ろう、というコンセプトのセミナーで、三月に一回目を開いた。言いだしっぺの私が秋田弁の魅力について語り、二回目は斉藤さんが小説の書き方を担当。登山家で県内外の旧街道を調べているアウトドア作家や、宮沢賢治の研究家で数冊の著書のある高校の先生なども快く協力してくれた。

春の終わりごろ、アメリカと日本の女性昔語りのジョイントが日本各地を回る計画があり、頼めば来てくれるかもしれないという話があった。

お金がかかるというが、そんなチャンスはめったにないと思い、企画した。地元の企業や団体に協力を求め、参加者に協力費を出してもらって行ったら、地区以外からもたくさんきてくれて好評だった。

もちろん、こういう企画をしょっちゅう行うつもりはなく、基本はあくまで、地区の人材から力を借りて文化を掘り起こし、新しい文化を創るということ。

やがて、ジャーナリストがいるとか、元学校の先生で俳句を作っているおばあちゃんがいるとか、ピアノの先生やジャズメンがいるというような情報が飛び込んでくる。

新しい、地区特有の文化が芽生え、それをはぐくんで行ければいい。急がず、手作りで取り組んでいく。

2009年11月11日

秋田県民の〝足ふっぱり病〟

秋田県には、地元大学の医学部も手に負えない病いがあるというジョークがある。風土病というか県民病の〝足ふっぱり（引っ張り）病〟があり、それが秋田県の閉塞《へいそく》感や後進性に深くかかわっていると言われる。

東北地方の県民性についても、ある県は「オレもやる。一緒にやろう」、他の県は「オレはやらないが、お前は頑張れ」。しかし、秋田県は「オレはやらない。お前もやるな」。そして、それでもやると、足引っ張りが始まる。

もしかすれば、自殺の多いのもそれが原因の一つかもしれない。

この足ふっぱり病、時々、「もしかすれば?」という症状が話題になる。

当てはまるかどうかは各々の判断に任せるが、最近、こんなことがあった。

秋田県にプロバスケットボールチームが誕生した。これは、一人の若者の発想が実を結んだもので、来年から試合が始まる。

会場は県内各地の体育館になるが、その一つの秋田市立体育館についてクレームが付いた。

秋田市体育協会が「市立体育館は市民の施設だ。プロの独占使用はとんでもない」と、市の教育委員会に「待った」をかけたという。

このチームの設立には、ほんの少しかかわっただけに、いささか気になった。

一年間に五十二試合するそうだが、そのうちの半分を県内で行い、県立体育館で十四試合、市立体育館では四試合するという。

五十二試合全部とか、練習も含めて年間の三分の一くらい使用するというのなら、そういう話が出ても仕方ないが、年間四試合では、〝独占〟とは言わないだろう。

秋田県は、新しい県のキャッチフレーズを「秋田で元気に！」と決め、今年後半からメディアを通じてＰＲし始めた。

プロバスケの活動は、「秋田で元気に！　秋田を元気に！」の先頭に立ってもらいたいと期待できるもののはずだ。

にもかかわらず、市体育協会の「待った」は、横槍《よこやり》に見えてしかたがない。

気になるのは、僻《ひが》み嫉《そね》み妬《ねた》みがどこかに潜んでいるとしか見えないことだ。

このチームを設立したのは県外出身者で、国際教養大学を卒業した青年を中心とした若者たち。彼等を見る目が、万一、「ヨソモノ、若造」だとしたら、とんでもない過ちを犯しかねない。

これと似た例がもう一つある。

国際教養大学である。

長い間、秋田県の国際化の遅れ、大学教育の貧弱さが言われてきたが、五年前に開学したこの大学は、教育レベルの高さや、充実度が全国の大学のトップクラスにランクされ、卒業後の就職率が一〇〇％近くで、これが全国トップと全国メディアが報じた。

しかし、開学までの間、反対の先頭に立っていた県議会の一部が、ここに来て、県の補助対策について、「過保護だ」とクレームを付け出した。

五年といえば、まだ、首がちゃんと据わっていないかもしれないし、足腰だって定まっていないかもしれない。もっと手を差し伸べてやることはないか、そう考えるのが親心というものだろう。あら探しをしてきたのではないか、と勘ぐられてもしかたがない。

学生の中に占める県出身者が一〇％くらいということから、これもまた、「ヨソモノ、若造」と見ての足ふっぱり病と見えなくもない。

宿痾《しゅくあ》から脱け出すことを真剣に考えるべきだろう。

2009年12月23日

白岩地区の過疎対策

秋田県仙北市角館の武家屋敷から、車で十五分ほどの所に白岩地区がある。

人口千八百五十七人の、中山間地の純農村地帯である。

それまで白岩村だったが、昭和三十年の昭和の合併の時、周辺三町村と合併して角館町となった。その時の人口は三千百十四人だったというから、五十年たって六〇％になったということだ。

歴史は古く、初代秋田藩主の弟が一帯を治めていたといわれ、館山という二二〇メートルの山が城跡で、往時をしのぶ面影を残している。

また、明治八年に開窯した白岩焼は、大仙市南外の楢岡焼の師匠で、生活雑器として岩手県まで行き渡っていたという。百三十年続いたが、やがて途絶えた。地区内に多くの窯が開かれていた。今でも四カ所ほどの窯跡を見ることができる。大掛かりなものだったのだ。

数年前、そこに移り住んだ人が復活させた。

雲巌寺は一四五〇年創建の古刹《こさつ》で、ここの山門の金剛力士像は円満造という宮大工が彫った伝説の傑作である。

ドンパン節は円満造がこの金剛力士像を彫っている時に、寺の時を告げる太鼓の音と、鑿《のみ》をたたく金槌《かなづち》のリズムに乗せて口ずさんだ歌だといわれている。ドンパン節の元歌を「円満造甚句」という。

昭和の終わり頃《ころ》まではこの地区に、小中学校があったが、昭和六十年に中学校が廃校になった。

駐在所は、平成十七年になくなった。

地区の人たちは、過疎化が進み、公共の施設が次々になくなり、やがて、限界集落に落ち込むのではないかと不安を募らせる。

それではならじ、と〇三年地区の男たちがプロジェクトチームを作り、地区の魅力にハタキをかけ、雑巾《ぞうきん》で汚れを落とし、併せて特産品も作ろうと取り組んだ。

それが「白岩ひでこの里」作りである。

山菜の女王と言われる「しおで」を秋田弁で「ひでこ」という。この地方には、この山菜と美しい娘を重ねて歌った「ひでこ節」という民謡がある。

山菜のひでこを休耕田に植えて特産山菜として売り出し、さらに、葉でお茶を、実でお酒を造れないか、専門機関に研究を依頼した。

加えて、「おばこ」「こまち」に「ひでこ」で「秋田三大美人」としても世に打って出ようという作戦を、彼らは立てた。

城跡の山肌に篝火《かがり》で絵を描き、麓《ふもと》の田圃《たんぼ》でこの地方で行われる小正月行事の火振りかまくらをやり、ひでこ節を歌うという「白岩城址燈火祭」を始めた。

これらの活動を私が知ったのは、五年ほど前、地元ＮＨＫのラジオ番組のキャスターをしていた時のインタビューでだった。

この、地元の財産に磨きをかけて外に誇り、注目してもらい、かなうなら人を呼び込もうという試みは目を離せない、と思って近くで見つめてきた。そして最近、私はこの地区を「武家屋敷の奥庭」と呼んでいる。

武家屋敷だけでなく、田沢湖とも、乳頭温泉ともわらび座とも指呼の間。観光資源としても有望だと見ていいだろう。

秋田県でも今年度から、「農山村活力向上モデル地区」に指定し、国際教養大学の協力を得て、城跡の整備や特産品開発など、彼らの活動に学術面や財政面からも全面協力することになった。

根気よく着実に、地域を作ってゆく様子を、これからも見守ってゆく。

２０１０年2月17日

美術は嗤う

「伊勢正義の作品を展示する美術館を建てたらどうですか」

十五年ほど前に、テレビ番組の取材で小坂町を訪れたとき、私は町にそう提案した。

昭和を代表する洋画家の伊勢正義（一九〇七～八五）は大館市出身だが、父親が小坂鉱山で働いていたので、小坂町で育った。

洋画界では知られた存在だが、一般的には知る人ぞ知る、県民のほとんどが知らない画家である。

町には十点余りの大作と多くの小品や資料が保管庫で眠っているという。勿体《もったい》ない話だ。思い切って十和田湖畔にでも美術館を建てれば全国の人たちに鑑賞してもらえて注目されるのではないかと思ったのだが、門外漢の思い付きが取り上げられることはなく、現在も、特別展に貸し出すとき以外は保管庫の中らしい。

その前後、もう一人の美術家に関心を持っていた。版画家の勝平得之（一九〇四～七〇）である。

勝平は、秋田市で左官と紙漉《す》きを営む家に生まれ、家業を続けながら好きな絵を描き、やがて秋田の風俗や風景、祭りや行事などを描きはじめる。

ドイツの建築家、ブルーノ・タウトが秋田を訪れたとき、勝平の作品に注目した。現在、ケルンの博物館に七十点ほどの作品が保存されているという。

勝平は画壇でも高く評価され、中央に出ることをすすめられるが、「私は左官、紙漉き」と固辞し、秋田を離れなかった。それは、世界を目指した棟方志功と好対照だ。

勝平の作品約三百点と膨大な資料が秋田市の「赤れんが郷土館」に所蔵されていて、年数回に分けて展示される。

ほとんど地元で仕事をし、それほど全国規模の公募展に出品もしなかった勝平と勝平版画は、これもまた、知る人ぞ知る存在でしかなく、県民すらその作者と作品の評価の高さを認識していない。

赤れんが郷土館に所蔵されるようになったとき、私は、「この機会に『勝平得之記念美術館』に名称変更して、全国に知らしめよう」と提案したが叶《かな》わず、現在、意味不明の「勝平得之記念館」とカッコつきの愛称が付いている。いまだにその画業がそれほど知られているわけでない。

最近秋田県で話題沸騰している〃新・県立美術館建設問題〃も、根っこはこの二つと似ている。

秋田市のシンボルの千秋公園のお堀に影を映してたたずむ現在の県立美術館には、世界のフジタ、藤田嗣治の「秋田の行事」という縦四メートル近く、横二〇メートル余りの大作が展示されている。

この美術館にはもう一つ名前があって、「平野政吉美術館」という。美術収集家で藤田が秋田に滞在中面倒をみ、藤田の作品を提供した人の名前を冠している。しかし、この二つの名前は県民にはつながらない。県も今まで、そういう画家の大作があることをあまり発信してこなかった。

私はこれにも口をはさみ、十年余り前から、「藤田嗣治記念美術館」に名前を変えて全国、場合によっては世界に情報発信すべきだ、と言い続けてきた。でも、声は届かなかった。

それがここに来て、突如、県が、中心市街地活性化策の目玉として、世界的な建築家の設計によって新しい美術館を建てて、そこに藤田の大作を移し、人寄せパンダにして、にぎわいを作ろうということになった。

世界のフジタたちは、天国で、苦笑いをしているかもしれない。

2010年4月7日

よみがえった廃校

ちょうど一カ月前、廃校になって六年あまりたつ小学校の講堂で、詩の朗読とクラシック音楽の小さなコンサートが行われた。百人あまりの聴衆が集まった。

一時間半ほどのコンサートは、聴衆と出演者が一体となって、温かくて和やかな雰囲気が醸し出される場となった。

このコンサートは、「鮎《あゆ》の風・交流会」と名づけられ、年に数回、この廃校を会場にして、行われる小さな集いの一つで、今回はその十三回目だった。

私は、秋田弁の語りと詩の朗読をした。

この集いに誘われたのは昨年の秋ごろだった。

私の知人のジャーナリストから紹介されたという人から電話をもらった。この集いを運営している「鮎の風」というグループのメンバーだった。

地元のものではないが、由利本荘市にある、平成十六年に廃校になった小学校に魅せられて、三年ほど前からそこの講堂で音楽会や写真展、地元の特産品の販売などをして、地域の人たちとの交流を楽しんでいる。来年春は少し大掛かりなことを計画しているので協力してほしい、という。

私はその小学校が廃校になる年の冬、地域の人たちに招かれて出掛けてゆき、生徒や保護者、地域の人たちと楽しい一日を過ごしたことがあったのだ。

参加した人たちの、その土地を愛し、春にはなくなる小学校を惜しみ、しかも、これからもこの校舎をよりどころとして、大事にしてゆこうという思いが伝わってくる温かい一日だったことを思い出した。

私は、その地域や人々のことも、廃校になった後の校舎についても関心を示さずに六年あまり過ぎていたことを少し恥じた。

その人の依頼を二つ返事で引き受けた。

当日、会場に着くと、たくさんの人たちが声を掛けてくれた。六年あまり前の冬の一日、校庭にかまくらを作り、子供たちと語り、お母さんたち手作りの味噌《みそ》汁とがっこでオニギリをほおばり、夜はお父さんたちと盃《さかずき》を交わした人たちである。

校舎も掃除が行き届き、当時と変わらずピカピカだった。

実はこの会場では、前日からその日のお昼まで「よみがえる廃校全国サミット」が行われ、全国各地から人が集まり、廃校を活用した地域活性化の可能性について話し合いが行われていた。

そのサミットを提案し、企画実行の中心になったのが「鮎の風」グループで、詩の朗読とクラシック音楽のコンサートは、それを応援するイベントだった。

しかし、サミットが終わると、参加者はほとんど帰り、取材に来たメディアもすべて引き上げた。

やがて、廃校をよみがえらせて楽しんでいる地元の人たちやこの交流会の常連らしい地域外の人々、東京から夜行バスで来たという人などが、三々五々やってきて、〝あとのまつり〟を楽しんでくれた。

そのことを、サミット参加者もメディアも知らなかった。

事例発表をし、議論は重ねただろうが、廃校をよみがえらせて、地域の人たちが交流を楽しんでいる、現地の実例を見ていかなかった人々が、各地に帰ってサミットで得たものをどの程度生かせるのか、私はちょっと疑問だった。

2010年5月26日

貌を変えてゆく道の駅

取材などで各地をよく車で走るから、道の駅はありがたい。それは、そこで休憩を取るとか、地域の情報が得られるという役割を持っているからだけではない。

恥ずかしいエピソードがある。十年ぐらい前のことだが、車を走らせていて尿意を覚え、トイレを探しているうちにスピード感覚を失い、いわゆるネズミ捕りに捕まり数千円の罰金を払ったが、そこが駐在所前だったので、取りあえずトイレを借りたという経験である。やがて近くに道の駅ができた。

併設されている売店でその土地の特産品や旬の野菜、季節の山菜や茸《きのこ》などを買うのも楽しい。食堂でその土地自慢の麺類や丼モノを食べるのも、道の駅に寄る楽しみの一つだ。

道の駅が最初に造られたのが平成五年で、今、全国に九百余りあるらしい。秋田県内には三十ある。

目的は、休憩、観光、地域活性化にあるというが、ドライバーにとってのオアシス的存在。このドライバーのオアシスが最近、貌《かお》を変えつつある。

県内で最初に異変を感じたのは国道二八五号沿線の道の駅だった。休憩室から公衆電話が撤去され、そこに、「売店の公衆電話が使えます」という張り紙があった。当時それ程携帯電話が普及していなかった。これは明らかに、別棟の売店や食堂へドライバーを誘導する策。

一昨年、国道一〇一号を通った時、水のおいしい道の駅に寄ったら、売店側は奇麗にしているのに、休憩室のほうは回りが草ぼうぼう。その町の町長を知っていたのですぐ連絡し、除草してもらった。

このようなことは今でも続いていて、先日、国道一〇五号沿いの道の駅の休憩室で、取材メモの整理をしていた時。蛍光灯がついたり消えたりするので、故障かなと思って売店のレジで聞くと、「ついたり消えたりするように細工してある」という。

道の駅の物販活動は盛んで、最近は特に、お互いが競い合っている。それをあおるようにメディアが取り上げる。

今では、ドライバーのオアシスというより、田舎町の郊外型ミニショッピングセンターになっている所も目立ち、駐車場がそこにやってくる買い物客にふさがれて、ドライバーの駐車スペースがないことも珍しくない。

何を勘違いしたのか、休憩室がライブスペースになってしまって、専属のシンガーがいる所があるし、売店で何かの実演販売会をやっていて、売り手の濁声が辺りに響き渡り、休憩がかなわぬ場面に出遭ったこともある。

私は七年前に、『昔、温泉。今、道の駅。』という本を書いて問題を指摘したことがある。

昭和六十一年、時の内閣が全国の市町村に一律一億円を配り、「ふるさと創生一億円」と言われたが、ほとんどの自治体が戸惑い、あげく、金のこけしを作ったり村営の居酒屋を開いたりの狂想曲。

その時秋田県の多くの自治体が温泉を掘り、町中の旅館や銭湯、ひなびた温泉宿が店を閉めたといわれた。

私は、税金を使って民間を圧迫する様子を見て、「地域潰《つぶ》し」と言ったが、やがて道の駅が、今度は町中の八百屋や雑貨店、食堂などのカーテンを閉めさせ始めた。

道の駅は、設置の目的を外れ、地域活性化の大きな妨げになり始めている。

本気になってブレーキをかけないと、道の駅栄えて地域が廃れてしまいかねない。

２０１０年７月７日

森と海とが手をつなぐ

そういうことに全く疎い私が、森と海とが手をつなぐ必要性を知ったのは、十年近く前の夏であった。雑誌の仕事で、鳥海山にブナを植える活動を続けているグループを取材した。

リーダーの案内で日本海に面した側から鳥海山に登った。麓《ふもと》の杉林の中を進むうち、やがて広葉樹と混在する杉林になる。そこが昭和三十七年から四十七年にかけてブナを切り倒し杉を植えた、いわゆる「拡大人工林」で、三千六〇〇ヘクタールとも、人によってはその倍とも言われる面積だという。将来の木材需要を予測した林野行政の一大デスクプランだった。

登るにしたがい杉はいびつになり、西側の枝が枯れてしまっていた。

杉は標高五〇〇メートルを超えると育たず、西側は日本海に面しているので吹き付ける風で枝が枯れる。

間伐や下刈りをした様子もなく、杉林の体をなしていない所が目立つ。

しかし、そこは官有林だから、だれでも手を付けるわけにゆかず、鳥海山はすさんでいた。

グループは、原野になっている所にこつこつとブナを植えているという。

一人前のブナになるには百年かかる。

私は、「十年間の愚行を百年かけて償う」というタイトルのルポ記事を書いた。

その時、グループのリーダーが、「鳥海山を蘇《よみがえ》らせれば、日本海が豊かになる」と言った。鳥海山の伏流水が美味《おい》しい岩ガキを育てるのだという。

以来、山と木のことを少し考えるようになり、素人を自覚したうえで、森林や木材関係の会合やシンポジウムで意見を述べたり、森林環境を整備するための税金について話し合う委員会の委員を務めたりした。

この春、男鹿市の森林組合から電話がきた。

秋に野外シンポジウムをやるので、そこで講話とパネルディスカッションのコーディネーターをしてほしい、という。

先日、その一回目の打ち合わせをしたが、これが十年前に出会った、鳥海山にブナを植えるグループに匹敵するユニークな企画だった。

コンセプトが「ハタハタを育《はぐく》むエコの森づくり」だという。

ハタハタは秋田県自慢の魚で、男鹿の海はその代表。ところが今まで、育てるために休漁や漁獲制限などはしてきたが、森造りという視点からハタハタが語られたことは聞いたことがない。

男鹿の森林組合長は漁業と林業を営んでおり、長い間、環境カウンセラーとしても活動している人で、男鹿の山をエコの森にして、海をきれいにして多くの魚介類を育て、獲れるようにするために、関係者と市民が一体となって取り組む方法はないか、と考えてきたという。

そして一昨年、ある集落の広葉樹林を会場に、豊かな森づくりの集いをやったら反応がよかった。

昨年秋、同じ会場で、野外シンポジウム「ハタハタを育むエコの森づくりに参加しませんか」を開催したところ百五十人もの参加があり、秋空の下での講話、パネルディスカッション、植樹、下刈りなどを、ハタハタ鍋に舌鼓を打ちながら行い、好評だったという。

今年はさらに全県に呼び掛け、森と海との絆《きずな》を強める運動体にしたい、という意気込みだった。

こういう活動は、森と海だけでなく、県民魚としてのハタハタに対する関心度をさらに高めるためにも大きな意味があると思う。

2010年8月25日

川を介した交流

秋田県内陸南部の中山間地、羽後町上仙道の山奥を源流とし、約七〇キロ蛇行し、秋田県三大河川の一つ、子吉川に注ぐ石沢川という一級河川がある。県内の支川では大きい方である。平成の大合併で二つになったが、それまでは羽後町、由利郡東由利町を通り、国道一〇七号に沿って本荘市石沢地区に入り、ゆったりと子吉川に至るという流れである。

この旧三市町の有志が企画した文化交流会がこのほど由利本荘市石沢公民館を会場に行われた。

県の重要無形民俗文化財の「仙道番楽」をメーンに、これまで地域の祭典に奉納されるだけで門外不出だった東由利地区の「地下ノ沢番楽」、それに開催地石沢の、途絶えていたのが地元の古老と小学生たちによって蘇《よみがえ》った「鳥田目番楽」が披露され、わたしが地域間交流の地域活性化効果について話し、その後懇親会が盛大に行われた。

この文化交流会のきっかけは十五年くらい前にさかのぼる。石沢小学校の児童たちにお父さんが「この川は、どこから流れてくるの?」と尋ねられて答えに窮し、「じゃあ夏休みに探検してみよう」と学校側と交渉し、先生と保護者引率のもと源流にキャンプをはる探訪会をやった。

流域の人々の暮らしや川の状態、魚などの動植物の調査や観察などをし、キャンプでは非常時の対応やご飯の炊き方などを訓練した。

回を重ねていくうちに流域の人たちが道路の整備をしてくれるようになり、キャンプ場所に羽後町が仮設トイレを作ってくれ、夕食に地元の人たちが訪れて交流会を開くようになり、やがて地区同士がお互いの地区を訪ねるまでになった。それを十年ほど続けた。その間、石沢地区と旧東由利町の境の山中にある、戦国時代名字帯刀を許され、藩境の見張り役を務めた農民たちの住む集落の三百年続く山焼きが、高齢化と限界集落化によって存続が危ぶまれていると聞くと助っ人を申し出た。

これらの活動にわたしも声を掛けられ、ほとんど参加した。

当日は、それらの地区から大勢が集まってきて、にぎやかで大いに盛り上がった一日になった。

わたしは年間数十回、祭りや郷土芸能発表会、伝統行事など、地域と地域の人々を元気にするイベントに足を運ぶ。

そういうイベントは、たいてい単一地区だったり大がかりな合同発表会だったり、行政や保存会の主催だったりするものがほとんどで、それ自体が目的のものが圧倒的に多い。そして、それはそれで地域を生き生きさせる効果を出している。

ところが今回の文化交流会は、そういうものと幾らか雰囲気が違った。

その一は、普通の民間の人たちの企画であること。二つ目は、長い間積み重ねてきた実績を土台にしていること。

そして三つ目は、これが重要なことだが、川という素材を介して、複数の町や地域が手をつないだ企画であることだ。

中山間地や奥地がさびれ、過疎地や限界集落になっていくことが問題になっている今、そういう地域を生き生きさせるには、このようなタテヨコの連携でなにかに取り組むことが求められている。

そういう意味で、今回のように三地区が時間をかけて積み上げてきたものを、さらに新たな試みに繋《つな》げたことは大きい。

２０１０年10月13日

シンポジウムの落とし穴

時々、地域づくりのシンポジウムやフォーラムなどのパネリストやコーディネーターとして呼ばれる。講演の依頼もある。

出掛けて行って話をしたり聞いたり、討論したりしながら、「このエネルギーや話されている内容が生かされたら、人々が生き生きし地域が元気になるだろう」と思う一方で、「この集まりは本当に意味のあるものなのだろうか」と首をかしげることもある。

十数年前、平成の大合併で、今は市に編入された、県南内陸部のある町の商工会青年部の会合に呼ばれて話をした。終わってからの懇親会も話が弾み、「年二回くらいこの会をやろう」ということになった。

わたしは集まりのたびに具体的な提案をし、皆でそれをもみ、行動に移す手立てを考えるように努めた。ところが、二年ほどで彼らから声が掛からなくなった。わたしは少し心配になり、リーダーに、「どうしました?」と声を掛けてみた。そしたら、彼は、「思うように行動できず地域に変化も起きない」と言う。わたしは「もっと続けよう」と言ったが、彼らに再び腰を上げる元気はなかった。

今年の夏、久しぶりにその町に呼ばれて話をしに行ったとき、終わって控室で主催者と雑談しているところに、一人の中年男性が訪ねてきた。「お久しぶりです」とあいさつされて名刺交換したが、その人がだれか思い出せずに戸惑っていると、十数年前の商工会青年部の幹部の一人であった。名刺には市議会議員と書かれていた。

「あの時もっと勇気を出して行動していたら、地域は変わっていた」と言い、それが地方政治の場に向かわせる理由だったという。

この地域は、城下町とこの地域の中心の市を結ぶ街道沿いにあり、そこそこ栄えていたが、やがてバイパスができて、その街道が裏通りになって元気をなくしつつあった。

シンポやフォーラムは多い。そして、そういう集まりを持つのはなにか課題を抱えているところだ。

秋田県では、多額の赤字に悩む第三セクターの内陸縦貫鉄道を抱え、少子高齢化が進み限界集落に転がる速度におびえる阿仁部で、シンポ、フォーラム、講演会のたぐいが年に少なくとも一度、多ければ二、三度くらい行われているようだ。わたしもこの十年くらいの間に五、六度呼ばれてパネリストやコーディネーター、講師などを務めている。

昨年は、全国規模の地域づくり団体が企画し、大学の研究室が支援するシンポにパネリストとして参加した。そして、そういうところに出掛けるたびに、できるだけ具体的で、しかも行動できるように提案する。そして提案し話し合われたことを行動に移せば、例えば内陸縦貫鉄道が息を吹き返し、若者たちが奮い立ち、地域が元気になるだろうと思う。

しかし、極端に言えば、実情はほとんど変わらず、同じことを悩み、同じテーマで会合は繰り返され、新聞などの報じることを読むと、同じことが話し合われているようだ。そして今年もまた、著名な講師を招いて開催されるという。

こういうのを見ていると、シンポやセミナーそのものが目的化してしまい、それで「何かをやった」と思ってしまう。あるいはガス抜きの役目を果たしてしまっているのではないかと思ってしまう。危険な落とし穴だ。

2010年12月1日

民謡で地域活力掘り起こし

三年前に続いて、また、民謡を考えてみる。

秋田県は民謡王国で、しかも功労賞や感謝状など関係者の全国表彰のニュースをよくメディアで知るが、民謡酒場はないし、有料無料含めて民謡ショーもほとんど開催されない。せいぜいが十二ほどの秋田民謡の全国大会がある程度で、民謡を聴く機会が限られている。

全国大会を何度か聴きに行ったが、それほどの感動もなく、やめた。

大会は二十年余り続いているものもあり、秋田県内には、多くの日本を代表する民謡歌手やそれらの大会の優勝歌手がいるが、その人たちは普段どういう機会に歌っているのだろう、と時々思う。

性格は違うが、秋田は日本有数の酒どころ。しかも民謡の宝庫だから、酒造りのそれぞれの工程で歌われる酒屋唄《うた》がある。全国の酒どころにもあって、その唄の歌い手たちが、県内一の酒造の町、湯沢市に集って競演会を開いて、今年で二十二回を重ねた。会の大きな目的は、地元の酒蔵米の消費拡大と酒造業の振興に寄与すること。そして、秋田民謡の知名度のさらなるアップにあるのだろう。二度聴きに行った。

最近行っていないので、地元の知人のメディア関係者に状況を聞いてみた。例えば「併せて酒蔵巡りとか試飲会などやっているの?」「湯沢は最近小安峡や秋の宮、泥湯を三大秘湯として売り出そうとしているが、競演会と組み合わせた一泊のパック旅行を組んでいるかい」など。いずれも「ない」だった。

なぜ聞いたかというと、最初にこの競演会を聴きに行った時思ったことで、これらのことにもう一つ、数週間後に開かれる湯沢最大の冬の行事、「犬っこまつり」と一緒に開催すれば相乗効果があるだろう、と雑誌に書いたり、地元のコミュニティーFMラジオや講演で提案し続けたからだ。

国道一〇八号で宮城県とつながっているし、最近少し下火だが新庄まで来ている山形新幹線の北伸運動も続いている。一帯は、夏は絵灯籠《どうろう》祭りや隣町の西馬音内盆踊りでにぎわう、内陸南部の観光地でもある。イベントや伝統行事は、そこへ人を呼ぶ力を発揮できる。ところが犬っこまつりや酒屋唄競演会を、単発で済ませてしまう。

このようなことは、前述した秋田民謡全国大会にも言える。

始まりは、全国に知られる秋田民謡の全国大会を開催することによって、それを民謡発祥の町や村の地域活力の掘り起こしに役立てようというのが目的だった。それは、民謡界の人材発掘や育成にとっても、秋田民謡の人気拡大にとっても渡りに船。目的が一致したからどんどん増え、発祥の地でもないのに隣村から借りてきてまで開く町も出てきた。

秋田県の民謡関係者は日本一の歌手作りに精を出し、年に十人前後の日本一歌手が生まれた。民謡歌手と出会えば何かの日本一。全大会制覇を目指す者も出始めた。しかし、基本はできているのだろうが、素人が聴くとヒヨコにしか見えないものが目立つようにもなった。地域もそれほど盛り上がらなくなった。

この二つの例。本来の目的を忘れ、手段が目的化してしまった。そして、そのことに当事者が気付いていないのではないか。

そうだとすれば、民謡という宝を磨く役目も、地域の活力を掘り起こすための刺激にもならなくなっているかもしれない。

2011年1月26日

新しい農業の可能性を見る

認定農業者という人々の団体から講演の依頼があって戸惑った。

私は零細農家の末っ子だが、ビジネスマンになり、農業のことは全く知らない。無理じゃないですか、と言ったら、農業の話をしてほしいのではない、あなた流に世相をバッサリ切った話をしてほしい。農業の問題に触れるとしても、あなたの切り口で結構。いや、その方がありがたい、と言われて引き受けた。

私は昨年春、世間の物議を醸すような本を著し、それ以来、こういう話が舞い込んでくる。付け焼き刃のように勉強してもどうにもならないと腹をくくって出かけ、参加者の評価はさておき、何とか終えることができた。

先日、能代市のまちづくり団体が企画した、能代の食と観光のモニターツアーに招かれ、二泊三日の能代探索をした。

このコースに、三カ所農業の現場体験もあった。

一つは、そば打ち体験。そばといえば岩手県や山形県が有名だが、秋田県内にも古くからそば作りをしているところが何カ所かあって、八峰町の石川そば、由利本荘市の百宅そば、それに能代市の鶴形そばが知られている。

私たちが出かけたのは鶴形そばの生産に取り組んでいる農家のおかあさんたちである。四〇ヘクタールの「減反」した田にそばを植え、昔はその地域だけで食べていたのを、秋田県では話題の白神酵母を使ったそばなどいろいろなバリエーションのものを開発し、産直やイベント会場でのそば打ち実演などで市場を広げ、会社組織にし、〃おかあさん産業〃にしてしまった。

私たちは民宿で、おかあさんたちの手ほどきで、おぼつかない手つきでそばを打ち、ゆでたてのそばに舌鼓を打ちながら地酒を飲み、陽気なおかあさんたちのはじけるような話に夜更けを忘れた。

翌日は山うどのハウス栽培農家を訪ねる。山うどは能代市の新進気鋭の特産品として今売り出し中である。

十二月ごろから四月ごろまでが出荷時期だとのことで、訪ねたときは収穫と来年の準備で大忙しだった。

床土を温めるために土中に管でお湯を流すが、そのために大量の石油を必要とする。訪ねた農家では、処理に困っている廃材や間伐材で湯を沸かす。これでコストダウンと省エネにもつながる、と胸を張っていた。

山うどが終わると、今度はネギに取りかかるのだという。ネギも能代の特産野菜である。

次に訪ねたのが行者ニンニク栽培農家。大きなビニールハウス二棟の中の行者ニンニクは盛りであった。ハウスものが終わると取りかかる露地栽培ものが、ハウスと隣り合う畑一面に芽を出しはじめていた。ネギも始まる、とニコリと笑う。

これらはいずれも「減反」の田圃《たんぼ》を利用していたが、彼女や彼らには〝減反〟という暗さはない。生き生きと取り組む、私など素人は全く知らなかった新しい農業の姿であった。

ＴＰＰだとか戸別補償などかまびすしい昨今だが、その問題に直面しながらも、それと距離を置いたところでこういう人たちはしたたかに逞《たくま》しく生きていた。

とっくに皆が知っているのに私だけが知らなかったのだろう。認定農業者の集まりの前にこういう現場を見ておけばよかったのか、知らない方がよかったのか、私は今、判断できないのだが。

2011年3月9日

方言は深くて面白い

私を方言研究家と勘違いしている人がいるみたいで、時々、全国各地から電話やメールで、秋田弁についての質問がくる。先月はテレビ番組の製作会社からもきた。

特に頻度が多くなったのは、十年あまり前に、インターネット上で解説とも思えない秋田弁の解説を始めてからである。

最初に飛び込んできたのはメールで、一週間くらいの間に五件ほど。同じ質問で、秋田弁に「かだぱりこぎ」というのがあるか。どういう意味で、語源はなにか。何事かと思ったら、一件の質問の中に、秋田県出身の俳優、柳葉敏郎が主役のアクション映画で、彼の演じる秋田県出身の警官がその言葉を使うのだという。

「かだぱりこぎ」とは、相手の話を聞かず、片意地を張る人をいう。語源は「肩張り」。「こぎ」は、「言う」や「する」の意味の秋田弁「こぐ」の活用で、そういう「人」のこと。秋田弁には、嘘《うそ》つきをいう「ばしこぎ」、怠け者をいう「せやみこぎ」などがある、と説明した。

ある時、電話で、

「八郎潟周辺で使われている言葉に『たらのふりする』というのがあるらしい。どういう意味でどういう時に使うのか」

という質問がきた。はじめて聞く言葉だった。手元の資料をめくっても探し出せず、その地域の役場職員と、生涯学習に携わっている人の二人の知人に問い合わせて辿《たど》り着いた。「酒の席で酔ったり、酔ったふりをしてそこにゴロリと横になって、その席で話された噂《うわさ》話や近所の人々の悪口に尾鰭《おひれ》をつけて言い触らす要注意人物のことをそういう。語源の「たら」には二つの説があり、魚の鱈《たら》と酒樽《さかだる》。ゴロリと横になる様子が魚市場で大口を開けて横たわっている鱈と、造り酒屋の蔵に転がっている樽に似ているから。ついでに言えば、こういう人を「たらふりこぎ」と称《よ》ぶという。

先日は、七十代後半と思われる女性からこういう相談を受けた。

「子供の頃、母や祖母から聞いた昔話を、孫や地域の人たちに語って聞かせたいが、話のほとんどがうろ覚えだし、秋田弁もおぼつかなくなった。昔語りをけいこしたり秋田弁を思い出す手立てはないか」

と言うのだ。

改めて言うが私は方言とは遊んでいるだけだし、昔話は、それこそ幼い頃に、母や祖母から聞いただけで記憶の中に全くない。しかし、遊びとは言え、秋田弁の解説（まがいの）本を三冊著し、インターネットに連載し、レギュラー出演している地元放送局のテレビ番組で秋田弁を織り込む川柳の選者をし、昔語りのコーナーでは、語り手といかにも知ったかぶりの言葉のやり取りをしていたものとしては、逃げ隠れできない。昔語りの会のリーダーを紹介し、拙著などを図書館から借りて読んでみることを勧めた。

この女性が最後に言った言葉が印象的だった。

「オラもそうだども、今の若げえものだぢ、ええふりこぎ（ええかっこしぃ）で、みんな標準語で、秋田弁使わねぐなったものなぁ。勿体《もったい》ねぇなぁ」。

過去に何度か、全国規模の方言追放運動があり、中でも、昭和三十年頃の、戦後の復興期の方言追放運動が、東北地方の言葉に大きなダメージを与え、それが、そこに住む人々のコンプレックスの要因にもなった。しかし方言は、深くて面白くて味わい深い言葉なのだ。

２０１１年４月27日

遺跡や獅子舞「世界遺産」に匹敵

歴史にうとい。

郷土史に関心がないし、史跡巡りもあまりしない。

時代小説をそれほど読むわけでもない。

しかし、それらが地域おこしやまちづくりに関連すると関心を示す。

サラリーマン時代、秋田県内陸南部の横手市で四年ほど暮らしたが、ちょうどその頃、NHKの大河ドラマ「炎立つ」が放映されることを知って、横手市の企画課に足を運び、直木賞作家の高橋克彦氏が原作を書くから、氏を招き講演会を開き、後三年の合戦の跡を案内したらどうか、と提案した。

ドラマはみちのくの男たちの黄金の王国を夢見る野望が描かれるという。奥州藤原氏百年の栄華への道程が物語の中心になるとすれば、横手市を中心とした後三年の合戦も舞台になるはず。このテレビドラマに登場した町は全国的に注目を浴びると言われていた。チャンスを逃してはならない。

この講演会は実現した。

そこからさらにこの歴史に深く関わっていくべきだったが、地元行政も、転勤でそこを離れた私もそれを怠ってしまった。

五年ほど前、地元銀行主催の講演会に呼ばれてまちづくりの話をした。平成の大合併直後だった。

横手市は周辺七町村と一緒になり、人口十万四千人と秋田県内では秋田市に次ぐ第二の、しかも二つ目の十万都市になった。私は当日、単なる県南部の中心都市としてだけではなく、秋田県第二の都市として充実させるべきだとし、いくつかのまちづくりの提案をした。その柱の一つとして後三年の合戦の史跡の学術文化的な研究開発をすべきだと話した。

ちょうどその頃、岩手・平泉の世界遺産への申請が話題になっていた時期だったので、尻押しする事によって横手市にも光があたる、と。後三年の合戦は、平泉四代百年の栄華のいわばルーツの地だからである。

この話がきっかけになって、翌年大掛かりなシンポジウムが横手市で開催され、言い出しっぺの私もパネリストとして参加した。

横手市はその後、史跡を国指定の郷土遺産にし、まちづくりに生かそうとしている。しかし、岩手との連携は薄く、地元の大学が関わっているわけでもない。県内の大学にはそういう事を研究している所がないせいもある。私は、横手市が岩手と連携し、地元の大学が研究に取り掛かり、それに県が加わる取り組みが必要だと言い続けている。さらに県民運動として盛り上げなければならない。

この度、平泉は世界遺産への登録が内定した。秋田県にとってはまことに喜ばしいニュースである。しかし、メディアも地元も行政も観光関係者も県民もそれほどの関心を示さない。不思議だ。

秋田県にはもう一つ、北海道・北東北の縄文遺跡を世界遺産に、という運動の中に、北秋田市の伊勢堂岱遺跡と鹿角市の大湯環状列石が入っている。実現すれば大変な財産になるはずだが、全県的な関心の対象にはなっていない。

ついでにもう一つ挙げれば、山形県にまたがる鳥海山の山岳信仰がもたらした獅子舞・番楽は、広い範囲と日本一といわれる数があり、注目されている。研究し整備すれば世界遺産に匹敵するものだ。しかし、これもまた地元の人々が後継者難にあえぎながら保存しているだけ。

いずれも、その価値を磨けば地域が光り輝く、という意識が希薄のような気がしてならない。

２０１１年６月15日

海水浴場のない秋田市観光マップ

秋田市の観光マップを見ていて、海水浴場が載っていないのに驚き、市の観光課に問い合わせたのは五年くらい前だった。

私の生まれ故郷の秋田市下浜地区は、市の南外れにある。県内有数の海水浴場として知られ、市中心部から列車や車で二十分足らず。列車を利用し下浜駅で下車すると目の前が海水浴場だから、子どもの頃はシーズンになると、駅前は列車に乗り降りする海水浴客で一日中あふれたものだ。

今でもその人気は変わらず、さらに岩手県から若者たちがたくさんやって来て、水上バイクやサーフィンを楽しむ。

しかし、秋田市の観光マップには載らず、その理由を市観光課は「スペースがなかったから」と説明した。

私は市と再三交渉して、「次のマップには載せる」という約束を取り付けた。

これは単に故郷の海へのこだわりだけではなかった。その数年前に秋田市で開かれた「東北都市学会」にパネリストとして参加したが、その席上で仙台市から参加した女性パネリストが、「海岸線に恵まれている秋田県がそこを利用した観光対策、特にリゾート地化が全くなされていないのが不思議だ。積極的に取り組むべきだ」と発言したのが頭のどこかにこびりついていた。

秋田県は長方形の県。その最も長い一辺が日本海側である。ところが、それほど有効に使っているとは思えない。

点在する海水浴場も、せいぜい夏の十日か二週間、浜小屋が開かれにぎわう程度で、それっきり。

最近は、三種町のサンドクラフト（砂の芸術）やにかほ市のトライアスロンが全国区になってきているが、全県挙げて海浜観光の目玉として情報発信しているとは思えない。水上バイクやサーフィンに興ずる若者たちに見向きもしない。

私の故郷の海は、芥川賞作家の南木佳士が医学生の頃、心を癒やす場として愛し、小説やエッセーの中に度々登場するので、文学碑を建てることを勧めたが聞いてもらえなかった。せいぜいが「今年は梅雨明けが早かったから、例年よりはにぎわうだろう」と期待している程度。他の海水浴場も五十歩百歩だ。

私は、平成の大合併の直前、隣の市と合併する、ある海辺の町で十億円余りを注ぎ込む役場庁舎の新築が計画されていると聞いて、「その金で海水浴場を充実させるべきだ」と書いたり、しゃべったりした。しかし、その町は、合併すると空き家同然となる役場庁舎新築を選んだ。通年観光を念頭に置いた海浜観光に関心がない象徴のような気がした。

海岸線の長い秋田県は、ハタハタで知られる漁業県でもある。ハタハタだけではなく、スルメイカや真ホッケ、ベニズワイガニなども多く水揚げされる。これもまた、観光と連携した取り組みが可能だが、ハタハタ以外は見向きもしない。加工も考えない。

私は八森漁港（八峰町）で中規模ながら取り組んでいる「はちもり観光市」に注目し、さらに拡大させ男鹿や仁賀保漁港（にかほ市）でもやるべきだと言い続けている。

隣の県では、青森県八戸市の八食センターが大成功。山形県鶴岡市の「庄内観光物産館」も観光バスや自家用車で駐車場が埋め尽くされる。

海岸線を持つ県は、それを資源として生かすべきで、それに気付いて取りかかるか、気付かないでほうっておくか。結果の差は大きい。

2011年7月27日

第三セクターハコモノの末路

七月末に、秋田県のある町の町長選挙が行われた。その大きな争点の一つが「町の温泉をどうするか」だった。

世界遺産の大自然を抱えているのに集客が思うに任せず、火だるまの赤字。町財政の重い負担になっているという。

一九八〇年代後半、時の総理が「ふるさと創生」と称して全国の市町村に一億円を配り、その使い道で珍騒動が各地で起こった。

秋田県はいくつかの町村が温泉を掘り、やがて各町村が競うように掘り始めた。

確かに掘った当初は話題性があり、人気も高く、人々はこぞって出掛け、交流会や民謡大会などでにぎわった。しかし、私には心なしか地域が寂れていっているように見えた。

昔からあった町の旅館がカーテンを引き、住民が集会所のように使っていた食堂が店を閉め始めた。私はこれではコミュニティーが崩壊すると思い、雑誌に「自治体は温泉掘りをやめるべきだ」と書き、呼ばれて話をするときもそれを訴えた。

やがて道の駅というものが建設省（現国土交通省）の肝いりで各地にでき始め、それがブームとなり、道の駅なのかミニスーパーなのか分からない物販部門と食堂に力を入れ、町中の雑貨屋、八百屋、魚屋などが店じまいを始めた。私はたまりかねて、〇三年に「昔、温泉。今、道の駅。」という本を出し、このヒートアップぶりに水をかけた。

温泉掘りについては、ある町長と議論したことがある。町長は「私も掘るのに乗り気ではない。しかし、住民が『隣の村にあるのにオラホにないのはどういうことだ』と言うし、議会でも追及される。その金があれば教育や福祉に注ぐこともできる、と力説するが、その度に私の懐にある票がこぼれ落ちるのが分かった。掘るしかなかった」と言った。多分、そういう状況だったのだろう。そして今、いくつかはギブアップして民間の手に渡り、いつ閉鎖してもおかしくはないのが続いている。

今さら言うまでもないが、第三セクター設立の目的は、一つは採算は取れないが地域振興に必要、もう一つは、今は無理だがやがてペイする、そういうところに行政が中心となって第三のセクションをつくり、ハコモノなどを造り運営することだ。しかし、この目的が拡大解釈され、住民の要望というエゴに行政が乗っかって次から次へと手を付けた。それが身近なものでは温泉や道の駅に併設した物販と食堂だった。

必ずしも同じではないが、住民の「合併すれば何もなくなる」という要望でつくられたものに、合併直前のいくつかの町が十数億円をかけて建てた新庁舎がある。私は「そういうお金があるなら、公園や街並み整備に使うべきだ」と言ったが届かなかった。

そしてその庁舎はいまや空き家同然。新しい庁舎が建てば、その後どうなるのか。住民エゴを巧みに利用した施策のいくつかは税金をドブに捨てる行為で、完全に金食い虫。血道を上げて、結果として税金の無駄遣いと地域崩壊を招いた温泉掘りや、今はまだにぎわっているが一部陰りを見せ始めている道の駅の物販部門から何を学習するか。

あるいは今、いくつかの市で新庁舎建設が議題に上り始めた。衰退する中心市街地にハコモノを造り始めたのもその例。熟慮と慎重さが要求される。

2011年9月14日

県出身作家・思想家への関心

秋田市雄和出身の石井露月は、高浜虚子、河東碧梧桐、佐藤紅緑とともに正岡子規門下四天王の一人といわれる俳人である。

露月は、志半ばに病気と地域の力になってほしいという強い要望を受け帰郷。子規の強い求めにも戻ることなく、医師でもあった露月は生涯地元で情熱的に医療と教育に取り組んだ。しかし、俳句を捨てたわけではなく、地元で指導者としての役目を果たし、関わった。「俳星」という雑誌は今でも県俳壇の重要な位置にある。

その露月が、子規門下四天王と言われながら他の三人と比べて人物や作品、活動などの評価に差があることを私は不思議に思っていた。その理由は地元にあるのではないか。そう思い始め、中央に評価されるような働きをすべきだと言い続けている。

地元は、医療、教育に貢献し俳人としても高名な〝オラホ〟の偉人として大事にし、町の予算で立派な句集を数冊出したり、冠にした短詩型文学コンクールを開催しているほか、書家として残した多くの作品も発掘し毎年展覧会を開くなど意欲的な取り組みをしているが、それらは地元から一歩も出ない。

こういう例は他にもある。例えば、第一回芥川賞を「蒼氓《そうぼう》」で受賞した横手市出身の石川達三。石川は、度々社会問題をテーマにした作品を発表し、その時代の寵児《ちょうじ》になった。ところが地元では必ずしも実績に見合った評価はされておらず、若干の資料が秋田市立図書館の一室に展示されているだけ。さらに資料を収集して文学館のようなものを建て、もっと広く公開しようとはしない。

農民文学もそうだ。秋田県出身の作家、伊藤永之介と、伊藤との付き合いで横手にも住んだ、「コシャマイン記」で第三回芥川賞を受賞した鶴田知也。この二人を中心にした農民文学にもほとんど関心を示さない。伊藤については、かつてその作品から「ふくろう忌」が行われていたが途絶えた。昨年だったたか、復活はしたが……。

こういうことは大館市出身の小林多喜二にも言える。有志によって毎年「多喜二祭」が行われるが、県民の財産という意識はあまり見えない。「蟹工船」が大ブームになったときも、どこか人ごとのように覚めていた。だから資料によっては出身地が「北海道小樽市」と書かれたりする。

大館市出身で江戸時代の思想家、安藤昌益についても同様で、「青森県八戸市出身」という資料や文献が多いと聞く。この二人については最近、出身地の人たちが顕彰しようとしているのだが……。

県南には、大正時代に湯沢市出身の千葉命吉という教育思想家がいた。「大正デモクラシーといえばこの人」と呼ばれるほど脚光を浴びた存在だったらしい。しかし、進歩的な考え方が先鋭と軍部からにらまれて、晩年は尾羽打ち枯らし故郷に帰り、朽ち果てるように亡くなったという。私は二十年くらい前、テレビの仕事でその人と仕事を探ったことがあるが、晩年が惨めだったせいか、全く評価されることなく現在に至っている。

あるものは抱え込んで放さず、別なものは関心を示さず、あるいは無視する。こんなことが地域を内向きにして、若者に夢を持たせることの障害になってはいないか。

2011年10月26日

ハタハタの季節を前に

秋田は、間もなくハタハタの季節を迎える。

ハタハタは煮て食べても焼いて食べても美味《うま》い。

正月の食卓に上るのがハタハタの飯《い》ずし。

ハタハタの「しょっつるかやぎ」は、秋田の冬の、自慢の鍋。

能登のいしる、香川のいかなご醤油《しょうゆ》とともに、日本三大魚醤といわれるしょっつるの主な原料がハタハタ。

そして、秋田の冬の食の定番はきりたんぽ。それにだまこ鍋。きりたんぽもだまこ鍋も、杣《そま》夫《ふ》たちが、冷たくなったおにぎりなどを、温めて食べるために考え出した料理といわれる。きりたんぽは、ついて〝半殺し〟と呼ばれる状態にしたご飯を木の枝に巻き付けて焼き、だまこはお手玉状に丸めて、いずれも山菜や兎《うさぎ》や鳥の肉と一緒に煮た。「だまこ」は秋田弁でお手玉のこと。

冬のがっこも秋田の自慢。しばれる朝に漬物桶《おけ》の表面に張ったシガ（氷の秋田弁）を割って食卓にあげる「なたづけがっこ」は、大根をザクザクと鉈《なた》で削って、糀《こうじ》をたっぷり入れて漬けた漬物。

すっかり全国区になったのは「えぶりがっこ」。秋田弁を壊して〝いぶりがっこ〟になってしまったが、秋田弁で「煙い」ことを「えぷて」、「燻《いぶ》す」ことを「えぶす」といい、「えぶりがっこ」の語源である。

稲庭うどんは名古屋のきしめんや讃岐うどんとともに日本三大うどん。

阿仁鉱山地域で鉱山労働者たちがじん肺予防とパワーアップのためによく食べていた馬肉が「なんこ肉」として根強い人気で、道の駅や内陸縦貫鉄道の駅に、遠方からわざわざ定食を食べにくる人がいるし、町の肉屋さんの目玉商品にもなっている。

このように全国区の食が秋田にはいくつもある。

これらが観光と結び付いて交流人口を増やし、産業となってその地域とそこに住む人々に活力を与え、生き生きすればしめたものだ。現にそうなっているものもある。

ハタハタは、工夫すればいろんな加工品を生む可能性があり、漁業は米とともに今注目の六次産業化も夢でない。

ところが、これだけ、その地域の個性が染みたオンリーワンで一流の食を持っている秋田県で、最近しきりにかまびすしいのがＢ級グルメ。

横手焼きそばが口火を切ったせいもあるだろうが、本来、自慢の一流品の食までＢ級グルメと称して売ろうとする。

焼きそばは、イベントなどのときどこでも店開きする、素人でもたやすくできそうなものだからご愛嬌《あいきょう》だけれど、「かやぎ」には異議を唱える。秋田県民にとって本当にB級の食なのか。ハタハタのしょっつるかやぎは超一流。「かどかやぎ」もある。秋田では鰊《にしん》のことを「かど」とか「にし」という。

男鹿の漁師料理の「石焼き鍋」もある。

前述の馬肉にも「なんこ鍋」。「鯨の茄子《なす》かやぎ」もあり、これらは秋田自慢の鍋物でかやぎ。ところが「かやぎ」をB級グルメと称して全国コンクールに出し、入賞圏外に放り出される。これで、ハタハタのしょっつるかやぎやきりたんぽなどの鍋物の評価は落ちないか、不安が募る。

ベストワンよりオンリーワンと言われ出して十年以上。オンリーワンは不滅だがベストワンは次が出てくれば影が薄れる。

食は特にその土地固有の歴史であり文化。それを弄《もてあそ》んでいはしないか。

食文化の王国秋田が、それに巻き込まれてはいけない。

2011年12月7日

二つの県立美術館

絵画について疎い。展覧会場に足を運ぶことがさほどあるわけでなく、知識を持っているわけでもない。ただ、くされたまぐら（好奇心旺盛で何にでも口出しするが、役に立たない人を秋田弁でこう言う）の私は、専門家の顰蹙《ひんしゅく》を買いながら時々、口を挟んでいる。

例えば、秋田市出身の版画家・勝平得之をもっと世界に紹介すべきだと提案し続けてきた。勝平は暖色を多く使ったぬくもりのある色彩で秋田の風景や風俗を表現し、ドイツの建築家ブルーノ・タウトが高く評価した。ほとんどの作品が地元にある。その他、多くのコレクションを残しており、他の県ならそれだけで美術館を造るだろう。

藤田嗣治の「秋田の行事」も、今は県内で大きな話題になっているが、数年前まではほとんど注目されていなかった。私は十五年近く前から「世界的な巨匠の作品をもっと多くの人に見てもらおう」と訴えてきた。それは、今地元で話題になっている、来年オープンする秋田市の中心市街地活性化の〝人寄せパンダ〟と揶揄《やゆ》される美術館の目玉にしろという意味ではなかったのだが……。

秋田県三種町出身で畏友《いゆう》のシンガー・ソングライター、友川カズキも絵の世界で活躍している。高名な美術評論家のヨシダ・ヨシエや洲之内徹らが認めたほどで、私は秋田での個展を企画した。

そういう縁もあってか、五年ほど前、地元の新聞が、中央で活躍する本県出身の若手を中心にした美術家たちを紹介する特集を組んだ時、紙上アテンダントを務めた。その時感じたのは、そんな美術家たちの作品や活動を県民があまり知らないということだった。

また一昨年、秋田県美郷町出身の日本画の重鎮、高橋清見が数点の作品を郷里に寄贈した時、地元の文化施設で開かれた個展を見に出かけたが、青と緑を基調にしたみずみずしい作品に感動した。この人も県内では知られていない。

秋田県には内陸南部の横手市に県立近代美術館がある。本格的なものだし、秋田自動車道横手インターチェンジのすぐそばだから、県外からも来やすい場所にある。

私は数年前、幹部職員に、何かいいアイデアがないかと問われ、ここで本県出身で中央で活躍中の美術家の展覧会をシリーズでやったらどうか、と提案したことがある。しかし、いまだに実現されていないし、大きい展覧会が頻繁に開かれているわけでもない。聞くと、「年に二度もやれば予算がパンクして後は何もできない」との答え。企画力も予算も乏しい、というわけだ。残念ながら中途半端。九十四年開館の歴史を持つが、いまだに〝仏作って魂入れず〟の状態が続いているようだ。

そんな状況下で、来年には莫大《ばくだい》な県費を注いだ、もう一つの美術館が秋田市に開館する。県は「ビッグな企画で積極的に取り組む」と言っているが、屋上に池を造るとかで、万一を考えて国宝とか重要文化財などの展示は難しいと言われている。今ある美術館も予算上思うような企画が難しいらしいのに、こちらにはたやすく予算が付くのか。

大規模な県立美術館が二つもある県は珍しいと思う。それをどう生かすのか注目されるが、思い切って秋田県出身と秋田に関わりのある古今の美術家の作品をどんどん展示すべきだと思う。さらに、現在活躍中の若手の美術家の作品展も積極的に行い、育て知らしめる場としての役割を持たせたらどうだろう。

2012年1月25日

壊される固有の文化「方言」

私は、「せやみこぎの思想」（無明舎出版）を一九八七年に、「ええふりこぎとせやみこぎ」（イズミヤ出版）という本を二〇〇六年に著している。いずれも秋田の県民気質について考えた本である。

このことを数年前から悔やんでいる。内容についてではない。内容は秋田県民の意識改革の必要性を、かなりシビアにストレートに書いて、読者に刺激を与えた、と自負している。

悔やんでいるのは本のタイトルの〝せやみこぎ〟である。この言葉は秋田弁で「なまけもの」のことで、背中が痛いと言って仕事をしないから「背病み」、〝こぎ〟は、「～をする人」のことだ。しかし、昔から、〝へやみこぎ〟とか〝しぇやみこぎ〟と言い続けてきた。そして、それが正しい秋田弁だ。内陸南部では〝せっこぎ〟と言うのでそれに寄り掛かろうとするが、それでも悔やむ気持ちは変わらない。〝せやみ〟は共通語、〝こぎ〟は方言の合体語。共通語に対するコンプレックス丸見えである。

なぜ数年前から悔やみ始めたかというと、全国的に知られる秋田の漬物「えぶりがっこ」。私たちは長い間そう呼んできた。例えば秋田県出身のシンガー・ソングライターの友川カズキは「むそじのブランコ」という曲で♪えぶりがっこを食べていた、と歌っているし、津軽出身の吉幾三も、秋田市で収録されたテレビの音楽番組の中で、「秋田といえば、えぶりがっこ」と言った。この二人は東北を離れて四十年前後。彼らの青春時代はそう言っていたという証明。

ところが、最近はすっかり〝いぶりがっこ〟オンパレード。関係するイベントらしきものも。大学生たちが始めたらしいものが「いぶりんピック」とか「いぶりばでぃ」。メディアもそう言う。

実は、断言はできないが、〝い〟で始まる秋田弁はない。「いぶりんピック」の提唱者たちの大学の教授たちが調査執筆に参加し、県教委が編集した、秋田弁がほとんど網羅されている「秋田のことば」という秋田弁の辞書に〝い〟で始まる言葉が載っていない。

えぶりがっこの語源を考えてみる。「燻《いぶ》す」を秋田弁では〝えぶす〟と言い、「煙い」ことを〝えぶてぇ〟という。〝がっこ〟は漬物。大根を居間や納屋で〝えぶし〟て漬けたから〝えぶりがっこ〟という。

ところが学んでいる大学の先生が、『い』で始まる秋田弁はない」と言っているのに学生たちが住民を巻き込んでそれを否定する。不思議な話だ。

秋田県の新しいキャッチコピーの「あんべいいな」も「いい案配だ」という意味だが、よく使うのは「えぇあんべだ」。せいぜい、「あんべえな」。「あんべ」が先につくのは「わりぃ（悪い)」である。

方言は、昔々からその土地で使われてきた固有の言語文化。だが、必ずしもそこで生まれたわけではなく、どこからか運ばれてきてそこに馴染《なじ》み、住みやすく変えられて定着したのだと思う。しかし、〝せやみこぎ〟や〝いぶりがっこ〟のように、無理やり共通語にすり寄ったりおもねたり、無知のまま別の言葉のように変えてはいけない。特に〝いぶりがっこ〟の場合、これを通せば〝えぶる〟は「いぶる」という共通語。〝えぷてぇ〟も「いぷてぇ」と意味不明になる。

固有の文化を、意味もなく壊してはいけない。

2012年3月8日

異文化組み込み時代前進

三月、大正琴のグループの発表会に招かれて、演奏を背に詩の朗読をした。それまで大正琴を聴いたことがなく、認識はゼロに近かった。

八百人収容の音楽ホールは満席。発表するグループの数も多く二時間余りに及んだ。何よりも大正琴というくらいだから、古きよき時代の音色で懐かしい日本の曲を奏でるとばかり思っていたら、ポップスや演歌、クラシックもあり、ギターやベースのような音まで出して、中に歌まで挟むというバラエティーに富む演奏だった。明らかに新しい文化との遭遇だった私は認識不足を恥じた。

打ち上げの席で話を聞くと、全国各地にそれぞれ組織があり、多くの愛好者が新しい音楽として楽しんでいるという。聴く人口も多いが、それが大衆の音楽文化として関心が高いかというと努力のほどでもない。ホールを満席にした聴衆も、師匠のシンパ、弟子や教え子たちの身内、ファンに限られているという。

話を聞きながら、付き合いの長い知人女性が取り組んでいるジャズダンスのことを思い出した。

もちろん私がジャズダンスをやるのではなく、それほど理解をしているわけでもないが、彼女は長い間、本場のニューヨークで修業し、三十年近く前に秋田に持ち込み、苦労の末にある程度の市民権を得るところまできた。最近では国体などスポーツ大会のマスゲームの振り付けをしたり、大きなイベントなどで演出を引き受けるところまできたが、必ずしも県民の中に定着した文化になっているとは言えない。近くで見ていると彼女の思いが伝わってくる。

先日、彼女たちが呼び掛けて行われたアマチュアパフォーマーたちのコンクールの審査員をした。タップダンスやジャズダンス、マジックやヒップホップダンス、民謡手踊りや秋田万歳、あるいは大道芸やフラダンス等バラエティー豊かな二十四組がステージで演じ、パフォーマーたちも、幼稚園児から傘寿近い人まで幅広く、アレヨアレヨの間の三時間であった。

客席には、秋田万歳を楽しみにしてきた人たちがレゲエに目を丸くし、子どものタップダンスが目的の若い夫婦が民謡手踊りに拍手を送る。

私はあっけに取られながら心の中で、「私が知らないだけの話で、時代はこういう進み方をしているんだろう」という思いにかられた。そして、積極的にこのような、ある種の〝異文化〟をどんどん組み込んでゆくことが時代を前進させており、自らが時代の進化に合わせて変化してゆくことが求められているのだ、と理解した。

次のようなケースもある。

人生の第一ラウンドを首都圏で過ごし、リタイアを機会に帰省し、地域おこしに取り組んでいる知人がいる。ある財団の支援を受け、故郷の男鹿市と三十年余り暮らした神奈川・湘南の藤沢市を協働の絆で結び、お互い今まで知り得なかったことを取り入れ、刺激し合うことによって地域を活性化する取り組みを始めた。この二つの地域に海を除けば特に共通性はない。というより、暖かい都市部と寒い東北という環境と文化の違いが目立つばかり。これもまた、〝異文化〟の交流である。

こういうことをこれまで怠ってきたことは、先に挙げた例で分かる。だとすれば、今が始めるときなのかもしれない。

2012年4月25日

秋田県は私学振興を

秋田市にある開校六十五年の私立女子中学校が、来年の生徒募集をやめる。年々生徒が減り、今年は九人だったという。この中学校は、一九〇八年に四人の修道女が幼稚園を開設し、やがて高校、中学校、短大を創設する名門私立女子学園で、二〇〇八年に創立百年を迎えている。

秋田県は人口減少、高齢化、少子化が進み、特に年少人口の比率が全国最下位である。

小・中学校の廃校、高校の統合に拍車がかかる。

その象徴が、県内唯一の名門私立女子中学校のピンチなのかもしれない。

これを知った時、東北の他県の様子が気になった。他の県にも私立中学校はあまりないようだが、秋田県と大きな差があるのが私立の高校と大学の数である。特に高校の数の差が目立つ。東北のほとんどの県が二桁なのに秋田県は五校。公立高校が多いかというと、五十校ほどで最も少ないようだ。

少子化時代だが、東北の他の県が秋田県以上の公立高校と倍以上の私立高校があって、子供たちの選択の幅の広い恵まれた教育環境にいる、ということだろう。

数年前に新聞社系の週刊誌が秋田県の教育事情を取材にきた時、私も話を訊《き》かれたが、記者の幾つかの疑問の中に、多くの中学浪人がいること、私立高校が少ないこと、小・中学校の学力テストでは全国トップになるのに、単純に比較できないとしても、高校のセンター試験になると途端に三十番前後に落ちることだった。

考えてみると、中学生とその親にとって高校の選択肢が少ないということは、県外に求めるか中学浪人を選ぶしかない。私立高校があと三校くらい県内各地にあれば、そこを選ぶことができる。

小・中学校の学力テストが全国トップだから〝教育立県〟として全国に呼び掛けてヤングファミリーに住んでもらう運動を起こしてはどうか、という声もあるが、高校生になって具体的に将来像を描き始める頃に成績がガクッと落ちるようでは、移ってきても途方に暮れるだけだ。こういう時に力を発揮するのが私立高校の個性なのではないか。

秋田県は私学振興をないがしろにしてきたような気がしてならない。こう言うと必ず「この少子化時代にそんなことが叶《かな》うと思うか」という声が返ってくる。しかし、公私を競わせることによって高校教育のレベルが上がり、少子化にブレーキが掛かり、年少人口減少に歯止めをかけることができるのではないか。東北の他の県はそうしているのではないか。

四年制の私立大学についても、秋田県は県庁所在地に一校、県北に看護の単科大学が一校あるだけ。他の県は地方都市にもちゃんとあって、人作りと町作りに大いに役立っているようだ。

私立高校についてはこんな例もある。秋田市の城跡の公園のお堀近くに二つの私立高校があるが、いずれにも隣接する屋外運動場がない。私はこれを『片肺教育』と指摘し郊外に移転すべきだと言い続けているが、このたび、一つの高校に隣接する県の建物が不要になったので私は、敷地を隣の高校に運動場に使う条件で払い下げたらどうか、と言っている。もう一つの高校も隣に県民会館など県の施設があるが、県民会館は老朽化が進んでいる。ここも移転新築を考え、隣の高校に払い下げたらどうか。私学振興に本腰を入れる、これをスタートにすべきと思う。

2012年6月6日

クニマスの故郷、蘇るか

秋田県の田沢湖にだけ生息し、やがて絶滅した魚、クニマスが山梨県の西湖にすんでいたことが一昨年分かって、大きな話題となった。

かつて、田沢湖にはクニマスをはじめ多くの淡水魚がいて漁業が成り立っていたという。それが一九四〇年に、「戦争に勝つために農地の拡大と電力が必要」という国策で、玉川温泉から噴出する大量の強酸性水を田沢湖に入れた。この水で生保内発電所が動き、仙北平野が農地として潤った。しかし、強酸性水が入った田沢湖は魚が絶滅し、「死の湖」となった。

このことを私が知ったのは九十六年だった。全国ネットのテレビ局がその周辺を探るドキュメント番組を作ることになり、リポーターに私が指名された。私はそのことに全く疎い素人だったが、取材の過程でいろいろなことを知った。

当時のことに詳しい、湖畔に住む古老から、西湖にクニマスの卵を送ったという話を聞き、古老と地元出身の小説家の西木正明氏がスタッフと一緒に出かけ、地元の関係者の協力でクニマス探しを試みたが果たせなかった。当時、田沢湖町（現仙北市）が懸賞金を出してクニマス探しもした。

この番組作りの中でもう一つの問題も浮き彫りにされた。湖岸の崩落である。発電に大量の水を使うため、湖面が一〇メートルも上下し、湖岸が削られ、日本一を誇る深さと透明度がピンチに立たされるということだった。

私はこの二つの問題を改めて取材し直して雑誌に書き、「田沢湖に玉川の水を入れるのをやめるべきだ」と訴えた。行政のトップにも直談判した。国策としての二つの目的は役目を果たした。もう自然のままの湖に返そう、と。やがて行政のトップが同じ発言をし、田沢湖へ強酸性水を入れるのは終わる、と思った。しかし、しばらくしてその発言は撤回され、現在に至っている。そして、行政は年間数億円をつぎ込んで中和させようとしているものの効果は思わしくなく、再考が求められている。地元自治体も手をこまねいて、民間の意識も盛り上がらないまま沈静した。

秋田市に大手の製紙工場が誘致される話が具体的になったとき、大量の水が必要だとして田沢湖の上流に総事業費千二百二十億円を投入して七十五年から十五年かけてダムが造られたが、工場は結局、来なかった。私は「そのダムを田沢湖の代わりに有効に使おう。発電所を作ろう」と、講演やシンポジウムで言い続けてきた。電力会社の幹部にも話した。

そんなときの「西湖でクニマス発見！」のニュースだった。これはインパクトがあった。県も地元自治体も動きを見せ「里帰りさせよう」という声が上がった。しかし、気になるのは、そのために田沢湖を蘇《よみがえ》らせよう、という声が上がらない。核心に迫らず具体性に乏しく、行政の限界を見るような歯がゆさである。

そこに、民間パワーが動きを見せた。「日本野生環境学術振興会」という、発祥が地元で関係者は全国規模の団体が立ち上がり、クニマス問題に本格的に取り組み始め、山梨県・西湖に出かけ地元の協力を得て調査もした。七月二十二日にはクニマスの地元、仙北市民会館で各界のオピニオンリーダーが集まって本格的なシンポジウムが行われる。私もパネリストとして参加する。

民間が動き出せば世論になる。このシンポジウムは重要である。

2012年7月18日

未来図は「福祉の町」

平成の大合併で秋田県は、六十九あった市町村が二十五になった。合併を選ばなかった市町村が十あり、その一つが藤里町である。

藤里町は、秋田県の北部、山本郡二ツ井町（現・能代市二ツ井）から藤琴川に沿って白神山地に向かう途中にある、人口四千人足らずの町である。私は平成の大合併のとき、この町は二ツ井町と合併すれば山と川をベースにした個性的な町づくりができるのではないかと思ったし、多分そうなるだろうと大方の県民も予想していたようだった。しかし、そうはならず、二ツ井町は能代市と合併し、藤里町は自立の道を目指した。私は、藤里町には固有の町づくり展望があるのだろうと思っていた。

白神山地を背に、藤琴川と粕毛川というアユの宝庫を持つ自然豊かな町である。今、手元には二十年前の県内市町村のデータがあるが、町の主要課題として、観光と結合させた交流型産業の町を目指し、滞在型観光の拠点、健康保養基地、自然体験学習の町など、白神山地を生かした自然と共存する観光と福祉の町を目指していた様子がうかがえる。

町はやがて温泉を掘り当て、宿泊施設を建てたり、サフォーク（ヒツジ）の里作りなどを手掛け、観光に軸足をおいた取り組みが見え始める。しかし、その温泉宿泊施設が町の足かせとなる。白神山地を利用した観光対策は、青森県と対比すると施設も集客も明らかに見劣りする。長く続いた町長が引退し、新しい町長が生まれた。町は変化するかもしれない。そう思っていたとき、町の社会福祉大会に招かれ、話をしに行った。

大会終了後、関係者との懇親会があり、その後も有志に誘われて夜の町に出て、盃《さかずき》を交わしながら懇談した。町づくりについて町民がどのような考えを持っているのか興味があった。私は少し早めに町に入り、方々を見て歩いたので、それをベースに耳を傾けた。話の中にあまり観光が出てこない。白神やアユの宝庫にもっと人を呼べないかとか、提案や意見を述べたのだが、反応はよくない。

一方で福祉の話は盛り上がる。大会関係者が大半だからそれは当然だが、幾つかの具体策がポンポンと飛び出る。

この町には「ひきこもり」が百人ほどいる。この人たちに外へ出てもらい、そのパワーを町おこしに生かせないかという取り組みを社協が中心になって具体化。今では町特産のマイタケを素材にした加工食品を作り、売り出しているという話や、官と民間がそれぞれ老人福祉施設を作り、特別養護老人ホームが五十床、デイサービスが三十五人、ショートステイが十五人、グループホームが十八人引き受けられる態勢にあるという。高齢化が進む町では、これでもまだ不足。もっと増やし、町外、さらに全国から迎え入れるようにすれば、雇用が生まれ、食の需要が発生し、しかも、「福祉の町」が定着する。

老人福祉施設を民間で運営している人は、そうなれば、全国からやってくる親族や知人などの見舞いの人々が多くなり、町に滞在し、白神山地などに足を延ばしてくれるだろう、観光の町も生きてくる。そういう町にしたい、と言った。

胸を打たれた。具体的な取り組みをしている町民たちが将来展望を持っているのだ。行政が本腰を入れて取り組まないテはない。そしてそれは、二十年前、町が描いた未来図でもある。

2012年9月5日

番楽よみがえる

九月の中ごろ、能代市二ツ井町の富根地区に番楽を見に行った。

専門的な知識はほとんどないが、二十年近く前にテレビの仕事で、鳥海山麓《さんろく》に多く残されている本海流番楽・獅子舞を見て以降、はまってしまい、時々、あちこちの獅子舞、番楽、ささらなどの伝統芸能を見て歩くようになった。

そのことを、県内で発行されているフリーペーパーに連載しているエッセーに書いたら、読んでくれた地元の人から「オラホの番楽も見にきてください」との電話をいただいた。私は、名の知られたものばかり見ていて、そんな番楽があることを知らなかったので、早速出かけた。

富根報徳番楽。別名を「作番楽」という三百年も続くものであった。明治のころ、資料や衣装などを置いていた神社が全焼したことから一時、途切れたようだが、集落の人々が古老の話を聞き、根気よく一演目ずつ掘り起こした。現在では二十以上あるという演目のうち十六演目を復活させたという。

三百年続いているものの、由来は定かではなく、北秋田市の国重要無形民俗文化財の根子番楽の流れだという説や、五穀豊穣《ほうじょう》と疫病退散を願って米代川をさかのぼって別の地域から教えを受けたという説もあるらしい。

ユニークなのは別名だ。昔は豊作の年だけ行われ、不作の年は気持ちを引き締めるためやらなかった。そこから〝作番楽〟と言われた。番楽が行われる時期も元々は名前の通り、作柄の見極めができる九月だった。やがて帰省する人の多いお盆にやるようになっていったが、今年は三十年ぶりに秋に戻したという。

鳥海山麓で行われている番楽のほとんどは修行僧の本海坊が修行の傍らに麓《ふもと》の集落に教えたと言われている。一方、今夏に見た、同じ由利地区の屋敷番楽は二百年余りの歴史があり、同じく鳥海山の裾野にありながら、本海坊が直接教えたのではなく、隣村から習得したものらしい。また、今年の「大地の芸術祭」でにぎわった上小阿仁村八木沢地区の八木沢番楽は、〝限界集落応援隊〟として村が募った若者によってよみがえったが、これも根子番楽の流れをくんでいる。

これらの番楽は、いずれも修行僧のような元祖から教えられたものではなく、豊作を願ったり無病息災を祈る地域の祭りを作るために先進地から教えを受けているのだ。もしかすればこういう例はもっとあるかもしれない。そして、すでに廃れてしまっているのもあるかもしれない。

番楽や獅子舞など伝統芸能の課題を挙げれば、後継者難である。もしかすれば元祖でないものは、そういう状態に置かれてはいないだろうか。かつての富根がそうだったし、八木沢もそうだ。

いや、何よりも大きい原因は過疎や若者が地域にいなくなったことだろう。現在の富根では、小中学生が大人と一緒に稽古《けいこ》し、演じていた。これなどは恵まれた例だろう。

七月にオープンした秋田市の中心市街地活性化策の目玉の「なかいち」の市にぎわい交流館では、伝統芸能振興にも力を入れようと、毎年県内の伝統芸能の発表会を企画するという。今月、その第一回の発表会が行われる。県内の伝統芸能を大掛かりに秋田市内で行うことに意味がある。

伝統芸能は、その地域の祭りであり祈りでもある。そして秋田県にとっては『宝』でもあるのだ。これを守り、伝えてゆくことはその地域と人々の心を鼓舞する。

2012年10月17日

心豊かにしてくれる「食」

先日、県北のある市に仕事に行った。泊まったホテルの朝食が和食だったので、市特産の納豆が食べられると喜んだ。

この市の郊外に五百年余の歴史を持つ古い城跡がある。特産納豆は、四百五十年前にそこに逃れてきた落人が造り始めたとされ、秋田の自慢として民謡「秋田音頭」にも歌われている。

数年前にそのホテルに泊まったとき、朝に出された納豆がどこにでもある銘柄だったので、私は「歴史と物語のある地元産の納豆を出したら客に喜ばれ、市の魅力を全国に発信できるでしょう」と提案した。その後、またそこに泊まったら、朝食にその特産納豆が並んでいただけではなく、由来が掲示されていてうれしかった。

ところが、今回はその納豆がなく、どこにでも売っているものに戻っていた。がっかりし、理由を聞いたのだが、詳しく語ってくれなかった。もったいない気がした。

その土地の歴史や食文化は、旅人の心を豊かにしてくれる。代表的な民謡にまで歌われているのだから、なおさらである。

似たような経験を、別の場所でもしている。

今秋、友人十三人で紅葉の鹿角路のドライブを楽しみ、歴史の古い温泉地に宿をとった。夜は鹿角市自慢のキリタンポ。鹿角市は隣の大館市とキリタンポの「元祖・発祥の地」の座を熱く争っている。そのゲーム性が一層関心を呼び、野次馬《やじうま》としては両市に出掛けて食べ比べてみたい気持ちに駆られる。

キリタンポに加え、お膳に載ったのが牛肉と豚肉だった。牛肉は鹿角牛といって「おいしくて上質の肉」とかなり以前から言われており、地元業者は販売に力を入れている。豚肉も、隣の小坂町の「桃豚」が人気だが、鹿角市も「八幡平ポーク」という〝新人〟を売り出し中で、私たちはそういうものを食べ、地酒を飲んでいるらしい。

キリタンポも、もしかすれば鹿角固有の米の「淡雪こまち」かもしれない。もしそうだとすれば、地元産てんこ盛りのぜいたくを堪能していることになる。しかし、宿の主人も女将《おかみ》も出て来てそんな話をする訳でなく、仲居も一言も触れない。客は私たちの他に二人くらいしかいなかったのに。私たちは、初めのうちはそれらをブツブツ言っていたが、そのうち他の話で盛り上がった。

翌日の昼は、山中の廃校を利用した施設の広場でバーベキューをやった。それにも自慢の牛肉や豚肉が盛られているようだったが、ここでも説明はなかった。結局、私たちはかなりぜいたくな食に巡り合ったはずなのに、八幡平と発荷峠の紅葉以外に、それらを土産話に持って帰ることはかなわず、どこか中途半端な気持ちのまま帰ってきたのだった。

さらに数日前。県内のアマチュアパフォーマーたちのコンテストの審査員として出掛けたときのこと。控室におにぎりと豚汁が届いた。豚汁は主催者手作りの温かいものだった。問題はおにぎり。コンビニエンスストアから買ったもののようだったが、イラスト入りの立派な紙袋に入った高級品だった。「あきたこまち」だと思ってほおばったら、パッケージに「新潟産コシ」と書いてあった。おにぎりを作ったのは秋田県の業者だった。

私たち一同は、東京・銀座で行った秋田のキャンペーンで、あきたこまちのおにぎりを配ったのに、なぜかパッケージの表示はコシヒカリだったという昨年の事件を思い出して、苦笑いするしかなかった。

秋田衆は、引っ込み思案でコンプレックスを持ち、地元の魅力を売ることをしない。いったいなぜなのだろう。

2012年11月28日

素人芸能コンクール

昨年春、若いクリエーターたちによるユニークな企画がスタートした。「AKITAアマチュアDEナイツ！」という、平たくいえば、素人芸能コンクールで、昨年と今年は春秋の二回、来年の春に一回、計五回芸を競い、そこから優れたものを二十組くらい選び、来年行われる国民文化祭のイベントの一つとしてグランプリ大会を行おう、という。たかが素人芸能コンクールなのだが、民謡とかカラオケとかを競うというのではない。そういうものをすべて舞台に上げて競わせようというのである。

昨年二度のコンクールに出たのが、秋田漫才、マジック、ジャズダンス、民謡手踊り、ヒップホップダンス、ハワイアンダンス、秋田三味線、タップダンス、詩の朗読、弾き語り、フォークソング、カラオケなどの中から、それぞれ二十組ほどが舞台に上がった。

私は審査員の一人として参加したが、ある種の感動を覚えた。

好奇心の塊で、なににでも嵌《は》まるが役に立たない、秋田弁でいう〝くされたまぐら〟の私は、世間一般の人々に比べるといろんなものに首を突っ込むか覗《のぞ》き見してきて、たいていのことには驚かないつもりでいたが、このコンクールにはド肝を抜かれた。これは多様で多彩なエネルギーの爆発ではないか。

秋田県民は本来は、陽気で積極的な気質を持っている、表現力も豊かだ、という人がいる。例えば民謡。秋田県には数多くの名の知られた民謡があり、日本一を獲得した多くの歌い手が活躍している。その民謡だが、朗々と歌い上げるものもあるが、人々が車座になって手拍子で歌い車座の中から踊り上手が抜け出て踊りだす。当然秋田は酒のくに、手元に一升瓶と湯呑《の》み茶碗《ちゃわん》があるというシチュエーションがよく似合う民謡が多い。

伝統の祭りにもそれが言える。夏の横手の船ぶっつけや角館の引き山車、冬のナマハゲ、梵《ぼん》天《てん》や裸参り、六郷の竹打ちなどは、勇壮を通り越して勇猛。思いっ切り自己表現している。こういうことから、秋田衆はラテン系という人もいる。

しかし片方で、自殺する人の比率が日本一。これがなかなか減らない。こんなに陽気で積極的で、それを表現するポジティブさを見せる県民性を持ちながら、なぜ一方で自らの命を絶つ人が多いのか。

原因は幾つか挙げられるだろう。その中に「引っ込み思案」がありはしないか。民謡も車座、祭りも集団行動。一人では、まわりをかき分けて前に出ようとしない。人の先頭に立たない。その理由の一つに、〝医者も治せぬ風土病〟と揶揄《やゆ》される「足ふっぱり病」が秋田にはある。いわゆる、出る杭《くい》を打つ、出ようとすると裾を踏んだり足を引っ張る。だから人々は自分を殺しじっと耐え、先頭はおろか表面にも出ない。そして陰口を言う。このストレスを抱えてきた県民の歴史は重い。

そういう引っ込み思案、足ふっぱり病社会を吹っ飛ばそう、自己表現をしようという意図がこのコンクールにはあるようだ。

来年までの長丁場なので、まだ成功とも目的を達成しつつあるとも、性急には言えないが、県民の内向き、下向き、じっと耐える気質を変える一つのきっかけができたのではないかという気がする。こういうチャンスを逃してはいけない。大切に育ててゆこう。

審査員席でそう思ったり念じたりしていた。

2013年1月30日

郊外大型商業施設におびえる

秋田県の商工業界は再び度肝を抜かれたようである。県の商工業界のトップが「中心市街地の衰退を懸念」「商業者へ重大な影響」と地元新聞の取材に答えたという。

全国チェーンの大手スーパーが、秋田市の郊外に三五万平方メートルの店舗を二〇一六年をめどに開業する、というニュースに対しての反応である。

ただ単に超大型スーパーを開業するというのではない。「農商工共存型の町づくり」を目指し、医療ゾーン、道の駅、温泉施設、結婚式場、農園、製菓工場など。二千人の雇用が生まれる〝新しい町〟を作るという。

同じようなことが二十年前にあった。「秋田新都心開発事業」と銘打って、空港や自動車道インターチェンジの近くの郊外に、今回と同じスーパーチェーンが一三万平方メートルの店舗を開業したときである。商工業界の猛烈な反対があった。

当時の市長は、「都市計画まで変えて開発する必要があるのか」と不快感を示し、秋田市の商店街の象徴とも言えた広小路商店街振興組合は、「大手スーパーとの協議に一切応じない」と突っぱね、やや難航し、当初目標から縮小を余儀なくされた。しかし、市民の圧倒的な支持を得て、今でも〝新都心〟の役割を果たす。

そして今回の話だから、商工業界が震え上がったのも分からないわけではない。しかし、県や市、業界が中心市街地の活性化に長期展望を持って本気になって取り組んできたか。

例えば秋田駅前にあった全国チェーンのスーパーが採算が取れないとして数年前に撤退した。市の中心地にあった大手スーパーも、大本が倒れて店じまいし、やがて更地になった。地元の老舗デパートは極端に店舗を縮小し、寝たふりを決め込む。まさに中心市街地の目玉が次々と消えてしまった。先にあげた広小路商店街は、「維持費の負担に耐えられない」と今年春にアーケードを撤去することにした。

中心市街地再生の切り札として、長年、その利用方法が検討されてきた日赤病院と県婦人会館跡地に、新県立美術館と市民の交流施設、それに商業棟のある複合エリアができ、昨年七月にオープンした。当初は大きな話題となり、人々も集まった。目と鼻の先に市立美術館、県南の横手市にも県立美術館があるのに、多大なカネをつぎ込む、とその必要性を疑問視された新県立美術館など、クエスチョンマークのつくものもあるが、このエリアは中心市街地活性化の核になるかもしれない、との期待があった。一方で「珍しいうちさ」とか、「海のものとも山のものとも分からない」というさめた見方もあったが、半年過ぎた頃から市民の足が遠のきはじめ、メディアも批判報道をするようになった。

まだ九カ月だから、拙速な判断はできないが、この計画に批判的な発言を繰り返してきた私などは、はたから見ていて、これが本気で取り組んだ町ににぎわいを作るための究極の策だったのか、と首をかしげる。

たぶん中心市街地の総合的な「まちづくり構想」が必要だったのだ。しかし、そういう長期展望がなく、場当たり的なことをし続けてきたから後手に回り、外から大波が来るとまずトップがオロオロし、市民がうろたえる。

ここでは、大手スーパーと行政や市民、業界が一緒に将来を見越したまちづくりの話し合いをすることこそ取るべき策だろう。

2013年3月13日

「本場の本物」の檜山納豆

秋田県能代市の檜山《ひやま》納豆が、「本場の本物」という称号を受けた。授けたのが財団法人食品産業センターという権威ある団体。秋田県でこの称号を受けたのは檜山納豆が初めてだという。戦国時代から数百年後の今日まで同じ原料と製法を貫いてきたことが高く評価されたらしい。秋田県には、きりたんぽや稲庭うどんという一流の食がある。しょっつるもえぶりがっこもハタハタ寿司《ずし》も歴史があって個性的。清酒だって他にひけをとらない。そんな中での檜山納豆の「本場の本物」である。

檜山は能代市の郊外、室町中期から江戸時代の終わりまで栄えた檜山城の城下町で、そこの下級武士たちが家計の一助にと作ったのが檜山納豆の始まりという。

私はこの納豆が大好きで、毎朝食べるようになって二十年余りになる。

個人的なエピソードを書かせてもらう。十年くらい前だったかしら。仕事で能代市に出掛け、旅館に一泊した。翌朝の食卓には当然檜山納豆がでるものと思っていたら別の銘柄だった。私が、檜山納豆じゃないんですか、と女将に聞くと、彼女は訝《いぶか》るような顔をした。

その日の仕事の途中で能代市で最も大きいホテルに電話して、朝食の納豆は何を出すかと聞いたら、やっぱり檜山納豆でなかったので、私は釈迦《しゃか》に説法を覚悟で能代市で客に檜山納豆を提供するメリットを説いた。秋田を代表する民謡の「秋田音頭」にも歌われているほど自慢のものだ。それをお客に提供することは、歴史と物語で能代の魅力を売り込むことでもある。併せてロビーとレストランに由来を掲示してみたらどうか、と。

半年ぐらい後に講演で能代市に出掛けた時そのホテルに泊まった。翌朝レストランに行くとバイキング料理の一角に檜山納豆があり、しかも、由来まで掲示してある。私は心の中で快哉《かいさい》を叫んだ。

それから時を経た昨年秋、商工団体の会合に招かれて話をしにいったとき、会場がそのホテルだったのでそこに部屋を取ってもらい、翌朝レストランに行ったら、檜山納豆は消え、また昔の納豆に戻っていた。理由はコスト高らしかった。

私は失望し、商工団体の幹部に、こういう問題は地元商業界挙げて取り組むべきことではないかと厳しく言った。

その後どうなったか確認していないが、このたびのビッグな朗報である。

先にも述べたが、秋田県には、全国に誇り、客を呼ぶことのできる本物の食や、じゅんさい、とんぶりなどの食材がある。ところがそういう食や食材をさておいて、B級グルメだとか、新しいかやぎ鍋だとか、何とか御膳などをでっち上げるのにうつつを抜かしているように見えて仕方がない。

伝統と歴史を無視し、個性を殺し、どこでも作れるような、どこにもありそうなものに〃あきた〃とか〃こまち〃とかを付ければ県外人が飛び付き、自らが潤うと思っている節がある。今年はデスティネーションキャンペーン、来年は国民文化祭と全国から人々が集うイベントが続く。そんな時、県民の認識が薄く、提案側もどこか自信のなさそうなものを遠来の客に出していいのか、と常々言ってきた。そこに今回の能代市の檜山納豆の「本場の本物」の称号である。

秋田県がここから気付き、学ぶものは多いはず。

２０１３年４月24日

石川達三記念館建設の提案

このほど、「蒼氓《そうぼう》」という小説で、昭和十（一九三五）年に第一回芥川賞を受賞した小説家、石川達三の遺族が、その時の正賞の懐中時計を秋田市に寄贈した。

石川達三は横手市出身だが少年時代の五年ほど秋田市に住んだ。秋田市に文学碑を建てようという話が出た時、「碑よりも実質的で役に立つ記念室のようなものを」という石川側の要望で多くの資料が秋田市に寄贈され、同五十九（一九八四）年秋、市立図書館に記念室が開設され、約二百八十点展示された。

私は先日、小さな集まりで話をした時、この際、石川達三の記念館を建てたらどうか、と提案したらかすかな反応があった。

石川達三は「四十八歳の抵抗」「人間の壁」「青春の蹉跌《さてつ》」など多くの社会派の小説を発表し、その度に大きな話題となり、特に「四十八歳の抵抗」は、当時の流行語にもなった。第一回芥川賞作家とともに今でも話題性を持つ作家である。だから、こういう新しい資料が展示されると、未発表作品が発見されるほどではないにしても、全国的に注目の的になるはずである。しかし、それ程広くもない図書館の二階奥にある記念室は必ずしも行きやすい所ではなく、県外の人たちはおろか県民も足を運びにくい。

こういう作家や芸術家の資料などは、たいてい記念館や資料館を建て、気軽に見てもらおうと考えることが多い。

まわりの県の例を見ると、岩手の宮沢賢治は別格としても石川啄木、山形県の藤沢周平、井上ひさし、青森は今年没後三十年の寺山修司など。

ところが、前にも書いたが、秋田県にはそういうのが全くない。美術の世界では、秋田市出身で、独特の暖かい色彩でふるさとの四季の行事と人々の暮らしを表現した版画家、勝平得之の作品の大半は、秋田市の郷土館の中だし、洋画家、伊勢正義の作品の多くも小坂町の郷土館の倉庫の中に眠っているという。

文学も、例えば農民文学の第一人者の伊藤永之介やプロレタリア文学の「種蒔く人」の資料を見ることができない。

正岡子規門下四天王の一人の石井露月は秋田市雄和の出身で、過保護と思えるほど地元で大事にされているが、高浜虚子や河東碧梧桐らのように全国的な評価をしてもらう努力が見えない。だから、それ程の人でも「オラホの有名人」の域を出ない。

なんでも中央に知られればいいわけではないし、ハコモノを造ればいいというものでもないが、対応によっては情報の発信力に大きな差ができる。

先にあげた小さな集まりの懇親会で、大館市出身の江戸時代の思想家、安藤昌益の出身地が一部の資料では青森県八戸市になっていると話したが、同じ大館市出身の作家、小林多喜二は北海道小樽市となっていたり、スポーツ界では能代市出身の元プロ野球選手の山田久志氏が岩手県釜石市となっているものがあるらしい。

なぜなのか。考えられるのは、秋田県人は内にこもる気質があり、外に開放して自慢すべきことを抱え込み、県外に秋田県民が誇る財産があっても関心を示さない面がある。結果としてネガティブなことばかりが目立つ県となってしまい損をしている。

恥をしのんで私事を書けば、つい十日ほど前に上京して、知人の歌人や写真家たちと飲んだ時、映画の黒澤明と三船敏郎の秋田との縁を聞かれ、ほとんど知らず恥ずかしかった。

2013年6月5日

消える地域イベント

地元の若者たちが始め、二十年間続けた、八郎潟町の地域おこしイベント「路上ミュージカル」が今年いっぱいで幕を閉じるという。

この町には、春に行われる「願人踊り」という、踊りの途中に歌舞伎仮名手本忠臣蔵五段目の定九郎と与市兵衛の掛け合いが入るユニークな祭りがあって、私はそれに興味を持っていて二十年前に見に行った時にその取り組みを知り、当時持っていたＮＨＫのローカル番組で紹介しようと、カメラを担いで通った時から十年余り付き合った。それと前後して隣の琴丘町（現・三種町）の町民が町の歴史を表現する「縄文ページェント」というイベントも、番組の中で紹介した。当時、こういう取り組みに国とか県が、期限を決めて補助をしていたので、こういう活動が各地で起きた。

八郎潟町の路上ミュージカルはユニークで、町のメインストリートをステージに、これも町の成り立ちなどを三幕ほどの芝居にするのだが、一幕ごとにステージが移動し、観客も一緒に動く。

群衆劇で、脚本、演出、出演から裏方までが町長から保育園児までの町民総出というものだった。

この町には、春の願人踊りとともに夏の盆踊りもあり、町の旧町名から名付けた「一日市《ひといち》盆踊り」は、県南、羽後町の「西馬音内盆踊り」、県北部の鹿角市の「毛馬内盆踊り」と合わせて「秋田県三大盆踊り」として知られる。その中で、文化財としても観光資源としても全国区の西馬音内盆踊りや、それを見習おうと取り組んでいる毛馬内盆踊りに比べて、一日市盆踊りは取り組みがどちらかというと地味で、注目度も低かった。地元の若者たちは地域おこしとともに、この盆踊りが県内外から注目されるように、盆踊り期間の前座を務めるという目的もあり、盆踊りの前にミュージカルを楽しんでもらい、座を盛り上げて盆踊りにバトンタッチするという試みである。

私は彼らに、「決して二年や三年でやめてはいけない。それでやめるのはやらないより悪い」と言い続けた。行政の補助は確か三年間だったと思う。長く続ければ盆踊りの知名度も上がるだろう。

盆踊りとのあつれきも幾つかあった。一つは世代間の差。路上ミュージカルが若者たちの仕切りで盆踊りは年配者。もう一つは、盆踊りは取り組みが手弁当的なのに路上ミュージカルは潤沢な補助があるから、スタッフはおそろいのロゴ入りTシャツに仕出し弁当。これではなかなか相いれない。

私は、二〇〇五年八月、鹿角市に三大盆踊りの関係者が集まって開かれた、「秋田県三大盆踊りサミット」のパネルディスカッションでコーディネーターを務めた時に、「伝統の継承、観光振興というだけでなく、若者が祭りに参加するということで地域が元気になる」と、あえて複数の活動の融和の必要性を説いた。

路上ミュージカルは二十年続けた。さらに続けられればよかったが、人手が足りなくなったのが断念の理由という。スタート当時の若者たちは中年、初老の域に達し、ここにも人口減少や若者不足が影を落としている。もしかすれば後継者育成を怠ってしまったのか。

その間、盆踊りは変化を見せたか。

若者たちが「一夜市《ひといち》」というイベントを始めたが、新しい活動の萌芽《ほうが》と見ることができるか。

2013年7月31日

伝統行事と集落の同時崩壊

この春、秋田県大仙市大沢郷にあった小学校と中学校が統廃合によってなくなった。そのことを知ったのはお盆の十八日に、この地区で行われている、藩政時代にあった旧街道をその時代の扮装《ふんそう》で歩く「旧亀田街道祭り」に参加した時である。今はほとんどないに等しいが、当時は由利の亀田藩主が参勤交代の時に通った道で、大沢郷地区の一部が地元の人たちによって大事に整備されて残っており、お盆期間の一日、往時をしのんで行列を作って歩き、その後に地区の公民館で演芸大会。冷たいソーメンを食べて終わるというお祭りである。

私は初めての参加だったので楽しかったが、主催者は「今年は参加者が少なくて……」と嘆いていた。参加者が少ない理由は、例年は地元の小学校や中学校が全面協力してくれて大人数になったが、統廃合になって〝地元の学校〟でなくなったら学校の協力を得られなくなったらしい。地元に学校がなくなると地域が寂れてゆく例である。

この地区には椒《はじかみざわ》沢番楽という古い歴史の伝承芸能があって、これもお盆に行われてきた。鳥海山麓《さんろく》の本海流番楽である。亀田街道を通ってきたといわれ、大仙市唯一の番楽で市の無形文化財に指定されている。お盆の十四日、私はそれを見に行った。ところが獅子舞は続けられているが他の番楽は数年前から行われなくなったという。住民が高齢となり若者が減り、後継者難に陥ったのだ。このままでは自然消滅してしまう。それではいけないと、たざわこ芸術村の力を借りて残そうという取り組みを今年から始めた。

例をもう一つ。仙北市角館の白岩地区は、陶器の白岩焼と民謡のドンパン節発祥の地として知る人ぞ知る所だが、佐竹藩より古い歴史を持つ城下町でもある。しかし、過疎化が進み、中学校も駐在所もすでになく、限界集落に転がることにおびえる地区でもある。この白岩地区に城下町時代から伝わる「白岩ささら」があり、これには大名行列がついていたが、今は大名行列はできない。

この地区では、二十年くらい前から、当時の若者たちが地域衰退を食い止めようと活動を続けてきた。私も十年ほど前からかかわっているが、なかなか思うに任せない。ささらが続いている間にぜひ大名行列を復活させたいといっているが、いつになるか分からない。

この三例、大きな問題は、明らかに二つのものが同時に崩壊しているということ。伝統行事と集落である。そして、それに拍車を掛けているのが小・中学校がなくなるということ。

こういうことに行政がどれほど気付いて手を打っているのか。

あえて言えば、大仙市唯一の椒沢番楽は、大曲の花火や刈和野の大綱引きと比べて、白岩の大名行列は角館の飾山囃子と比べて重さの違いはあるのか。観光行事やお祭り騒ぎとは趣を異にした、地域を支える行事がその自治体にとっての重要度はどうなのか。検証してみる必要はないか。そして地域の人たちと一緒に地域回復に努めることが必要だろう。

各地を歩いて話を聞くと住民が、「合併してから役所の職員の多くが、仕事が終われば帰ってゆき、土・日もいない通勤サラリーマン。それでオラたちのことが分かるはずがない」と言う。

学校も学校の先生もそうなってゆく。こうして地域は崩れ、消滅していっていいはずがない。

２０１３年９月18日

低空飛行の「あきた北空港」周辺

昨年の春、仕事で県北部に出掛けた時のこと。いつもなら昼食は、途中の道の駅で馬肉の煮込み定食を食べるのだが、ちょっと寄り道したい所があって少し早めに家を出た。寄ってみたいと思った所は、「北東北・北海道縄文遺跡群」の一つとして世界遺産への登録を目指す北秋田市の伊勢堂岱《いせどうたい》遺跡。着いたのがちょうどお昼だったので食事しようと近くの「あきた北空港（大館能代空港）」に立ち寄ったら、「道の駅」という看板があった。それまで知らなかったので、「えっ、空港が道の駅？」と少しいぶかった。

発着時間帯でないせいか空港には職員以外に人影はなく、食堂にも親子らしい三人連れがいるだけ。県北部の人々の並々ならない強い要望で開港したこの空港は、いつクローズされても不思議でない経営状態が続いている。

開港前から私は、この空港に二つの強い関心を持っていた。

一つは開港要望の柱が、地域住民が「乗る、利用する」ということのみで、乗ってきてもらうということが入っていないこと。金融機関がそれを証明する特別条件付きの預貯金を募り、かなりの金額を集め、それが早期開港の強い後押しとなった。しかし、その預貯金が使われたという話は聞かない。住民が定期券を買うか回数券でも買わない限り採算はとれない。

奥森吉という大自然を抱えているし、空港のすぐそばに北欧の杜《もり》公園という広々とした県立自然公園がある。それらを利用し、観光にシフトした対策を施すなど「乗ってきてもらう」方法を考えるべきだと言い続けた。例えば、北海道から知恵を借りて公園いっぱいに雪像を造るとか、屋外コンサートを企画するとか。しかし、そういう取り組みはほとんどなされず、空港は低空飛行を続けている。

二つ目。伊勢堂岱遺跡は、その空港と能代市をつなぐアクセス道路の建設途中で見つかった。県はそのまま突っ切ろうとしたが、私は猛然と反対した。ちょうど民放テレビでコーナーを担当していた番組でも言い続けた。もちろん私が反対したからではなかったが、道路は回り道するように造られた。その時の知事が「高い買い物をした」と嘆いたのを忘れない。

残念なのは、その伊勢堂岱遺跡の歴史的重要性を県民があまり理解しているとは思えないこと。

こういう恵まれた環境を生かす取り組みが必要なのだ。そうすれば、年間二億円もの赤字で四苦八苦している内陸縦貫鉄道も、にぎわいを見せるだろう。

この内陸縦貫鉄道も、年間赤字を二億円未満に抑えるためにチマチマしたことばかりしているように見え、存廃や将来展望が見えないと思っているのは私だけだろうか。

北のＪＲ鷹ノ巣駅と南のＪＲ角館駅をつなぐ重要線路なのか、はっきり見えない。本格的な列車を走らせ、時間短縮するには、かつての阿仁鉱山の鉱石を運んだり鉱山労働者を乗せたトロッコの線路を変えなければいけない。そのためには十億円前後が必要と言われて久しい。一時は赤字が三億円にも上ったのだ。それを県と関係町村が埋めてきた。私は当時から、「三年間の赤字補填《ほてん》分をつぎ込むべきだ」と提案し続けてきたが、手を掛ける知事も関係首長もいないまま現在に至っている。

県北部、中でも、あきた北空港界隈《かいわい》は、具体的挑戦的に手を打てば、きっと沸き立ち未来が開ける。

２０１３年10月30日

県民歌とお笑い

最近秋田県内で、「秋田県民歌」がよく話題になる。方々のイベントで歌われ、それがメディアに時々紹介される。

一九三〇（昭和五）年に制定され、当時、山形県と長野県の県民歌と共に、三大県民歌と高い評価を受けたという。

制定されたのが八十年余り前。その県民歌が、なぜ最近特に注目され始めたのか。それには理由があって、来年秋田県で開催される「第29回国民文化祭・あきた２０１４」に深く関係しているらしい。そのプレイベントが、県内各地でいろんな団体によって開催され、その度に歌われ、合唱グループの発表会も行われる。

私はこの県民歌に批判的で、「時代にふさわしい県民歌を創るべきだ」と主張してきた。あまりにも古色蒼然《そうぜん》としていて、しかも、もはや秋田県と県民の思いを反映していないと思うからである。

例えば、二番の「斧の音響かぬ千古の美林／地下なる鉱脈無限の宝庫／（中略）黄金と実りて豊けき」と歌い上げるが、秋田県にはもう天然杉は切りつくされ、戦後植林した山は荒れ放題、一時期世界に誇った石油や鉱山はすでに無く、農業は田畑の多くが原野と化し、若い後継者はほとんどいない。私はこれらに漁業を加え、「秋田をダメにした五大天然資源」と言ってきた。ほとんどが一次産業のまま、石油や鉱山が一・五次産業の兆しを見せたが、いずれも二次産業化を全く考えず、資源を資源のまま切り売りしているうちに枯渇した。

たぶんそんなことを戦後の復興期に気付いたのだろう。新しい県民の歌を公募し、五十九（昭和三十四）年にできた。五十八（同三十三）年の八郎潟干拓起工式、五十九年の県庁の新庁舎着工、六十一（同三十六）年の秋田国体などを見越し、新しい秋田を創造する機運を盛り上げようとする試みのようだった。しかし、やっぱり「みのるいなほよ杉の香よ／わき出る油田」と、従来の県民歌の焼き直しのような歌ができて、ほとんど歌われなかったらしい。

そんな古きよき時代へのノスタルジーか、失ったもの、無い物ねだりの県民歌を全国規模の文化の祭典のイメージソングにしなければならないのが秋田県の現状なのか。

そしてその百八十度対極の県民意識の表れが〝お笑い〟。全国的なブームなのかもしれないが、秋田県内、どちらを向いてもどこへ行ってもお笑いの花盛り。「○○寄席」「△△演芸会」のポスターのない所がない。数年前に、これが出稼ぎなのか修業なのか、関西のプロ芸人が腰をすえ、県内を巡り歩き、笑いを振りまいている。笑いは生活の潤滑油の効果が大きいし、私自身お笑いが大好き。年に一、二度は飛行機に乗って上京し寄席を堪能するほどだから、こういう試みは必ずしも反対ではない。奨励したいくらいである。しかし、それは〝日常〟ではない。

問題は、県民がそれにより掛かりすぎること。自治体や団体が、公演だけでなく〝講演〟にまで引っ張り出す。人生経験も芸の修業もこれからで、地域の現状を把握しているとも思えない若者を呼んで話を聞き、お茶を濁すか、何かを得たと思ってしまう安直さ。

県民は、古きよき時代に浸ったりお笑いに逃げて、最も重要な「今」という現実から目をそらそうとしていないか。

私は国文祭を機会に、次の時代に飛翔するような県民歌を作る意気込みを持つべきだと提案する。

2013年12月11日

国際教養大学卒業生

昨年暮れ、あるシンポジウムの交流会で若い女性から声を掛けられた。「お久しぶりです」と言われて、申し訳なかったが、以前どこで会ったどういう人なのか思い出せなかった。いただいた名刺に秋田の代表的な伝統工芸品の桜皮細工の老舗の名が刷られ、海外営業担当とあった。会話をしていると二月、私が毎年参加している、仙北市角館町白岩の地域おこしグループが行っている冬の火祭りの会場で一緒になった、国際教養大学の学生を引率してきた、この大学の一期生だった。県外出身者だが、卒業後も大学に残り、やがて地元企業に就職したのだという。帰宅してから同じような経験を思い出した。

一昨年の秋ごろだったと思う。私が番組を持っているコミュニティーFMラジオ局に女性が訪ねてきた。二十代初めくらいの女性であった。彼女は名刺を差し出して名を名乗り、「ありがとうございました」と深く頭を下げた。私は様子をよくのみ込めずボンヤリしていたが、彼女はお礼だと言って日本酒を差し出し、「ここに勤めて海外展開の仕事をしています」と言う。地酒の酒蔵であった。初対面のはずの私がなぜ訪ねてきたか聞くと、私が番組の中で彼女の就職を話題にしたことだった。彼女は国際教養大学の卒業生で、卒業後進んで酒造会社に勤めた。国際教養大学は今や国内トップレベルの大学。就職率も大手企業や行政でほぼ一〇〇%。目指すところへ行けるらしい。なのに彼女は県産品をつくる地元の中小企業を選んだ。その決意を私は高く評価し、もしかすれば秋田の未来と希望の夜明けのきっかけになる、と言った。

「お陰様でやっと母も身内も私の就職を心から祝ってくれました」と彼女が言った。身内は彼女の就職に必ずしも賛成でなかったらしいが、私の放送を聞いたお母さんが納得し、激励してくれたという。

国際教養大学は開学十年。独自の教育方針により、もう押しも押されもせぬ全国有数の大学に成長した。私も開学実現のために末席で少し汗を流したが、秋田県の誇りである。一方で学生の中で圧倒的に多い県外出身者、卒業してから地元に残る学生の少なさでやっかみ半分の批判もある。これは県内の高校や地元企業の努力にも課題がある。

教授陣や学生は意欲的に地域のイベントや伝統行事に参加し、活性化活動にも取り組んでいる。他の大学も刺激を受けるように地域とつながり、大学の持っているものを地域のために生かそうとし始めた。そしてそれが大学の変化にも結びついているようだ。

秋田県に生まれたプロバスケットボールチーム、秋田ノーザンハピネッツを発足したのも東京都出身の国際教養大学の一期生である。私が会った二人の女子卒業生も、秋田の魅力と可能性に引きつけられた、ということだろう。しかもそれが地場産業で、世界展開に取り組み始めた固有の特産品である、というところに注目する。ベストワンではなくオンリーワンのものを世界に紹介する仕事に、ハイレベルでグローバルな教育を受けた若者が携わる。

秋田県は従来、国際化の遅れや高等教育が他県と比べて見劣りすることを指摘されてきたが、これらの例を見ると少しずつその二つの課題が克服される兆しか。

秋田は一皮むけようとしているのかもしれない。

2014年1月22日

公共事業という不思議

拙宅から車で五分くらい、秋田自動車道秋田南インターチェンジ近くの国道一三号沿いに、昨年七月頃に三階建てくらいの何かのビルが建つような工事が始まった。こんな人里離れた所にどんなビルが建つのだろうと興味を持ち、ある時、車を止めて掲示板を見たら「除雪ステーション」とあった。

過ぎた冬は豪雪で、特に秋田県は秋田市を中心に道路の除雪が捗《はかど》らず、市民生活を脅かした。それを克服する対応だろう、と私は感心した。ここが除雪センターになれば、秋田自動車道も国道一三号も、対応がスピーディーになる。今度の冬も降雪量が多くなると予想されているが、少しは安心できる。私はそう思った。

ところが、雪が降り始めても除雪ステーションは完成せず、やがてブルーシートに覆われた。突貫工事かなと思ったが、その様子がわからぬまま冬となり、やがて、雪解けの始まった三月に工事が再開された。改めて工期を確認すると完成は三月三十一日。除雪ステーションが春先に完成する。不思議な気がした。常識で考えれば冬前に完成させるべく、例えば年度初めから工事にかかるものではないか。

不思議なことはまだある。十月か十一月頃から急に道路の補修工事が始まり、拙宅から国道に出る県道も掘り返された。そして、雪が積もる頃に中断され、雪解けとともに再開されている。

私はこの現象がよくわからず、元役所の幹部職員だった知人に訊《たず》ねた。そして、わかった。四月に新年度が始まり、予算の付いた事業が始まる。しかし、いろいろな手続きがあって、工事に入るのが七月頃になってしまう。十月とか十一月に行われる工事は、補正予算という数カ月遅れて追加される予算で取り掛かるから、秋の終わりか冬の初めごろになると言う。これが年度初めが一月になるとこういう問題はクリアされるのだ。現場ではその矛盾が語り継がれている、と知人は言う。

その知人にもう一つ疑問に思っていることを質問した。私は仕事で県内外を車で走るが、その時よく利用するのに広域農道などの比較的新しい道路がある。よく利用する広域農道のうちの一カ所が昨年の大雨による土砂崩れで大きく決壊し、通行止めになった。そこは数年前にも崩れた場所だった。なぜ同じ所が数年の間に二度も続けて崩れるのか。崩れた原因を究明し、そこを手当てする工事をしたらそんなことにはならないだろう、と言うと知人は、「復旧工事だからだ、復旧工事というのは旧に復す、即《すなわ》ち崩れる前の状態に戻すだけだから、同じ現象が発生すれば同じ崩壊を起こす」と言う。

そんなバカな話があるか、と私は食い下がってみたが、私の言うように、土砂崩れや道路の崩壊をよく調査し、周辺の状況も勘案して工事をするとすれば、それは新規事業になり、予算化し、議会を通すなどの手続きが必要になる。よほどのことでもない限りそこまではやらないらしい。だから、「復旧工事」した所は、いつも危険と背中合わせの状態なのだという。

これらの例は、私の住んでいる所だけでなく至るところにある、行政の常識だ、と言う。

これは、市民にとっては非常識で、市民不在の税金の無駄遣いではないか。

間もなく新年度が始まる。そして同じことが繰り返される。この不思議の連鎖を解消しなければならないのではないか。

2014年3月12日

超限界集落の挑戦

三ツ方森《みつかたもり》は、秋田県南の日本海側、由利本荘市の内陸部の標高二五〇メートルほどの山中にある、五世帯、七人の秋田県で最も小さな集落である。

しかし、集落の歴史は深くて古い。江戸時代、本荘藩が隣接する矢島藩と亀田藩の動静を探るために七世帯の農民を住まわせた。そこが三藩が接する地点だった。名字帯刀を許された彼らは、農業を営みながら二藩の変化に目を凝らした。集落の名前「三ツ方森」の由来である。

農業を営むといっても広くて平坦《へいたん》な土地があるわけではなく、切り開くわけにもいかない。狭い谷や緩やかな斜面を耕して米を作り、野菜を植え、家畜を飼い、山菜を採って生活を支えた。そのために大きな役割を果たしたのが春の山焼きであった。約一〇ヘクタールを毎年焼いた。よい牧草を育て病虫害を防除し、冬囲いや屋根を葺《ふ》く質のよい茅《かや》や上等の蕨《わらび》を育てた。秋田民謡の「本荘追分」にある焼け山の蕨で「焼けば焼くほど太くなる」と歌われる。

その三百年続いた山焼きにピンチが訪れたのが十五年ほど前であった。住民が十数人となり、とても不可能、という状態になった時に麓《ふもと》の集落の有志が馳《は》せ参じて雑用を引き受けとぎれなかった。私がそれに誘われたのは十年ほど前で、以来精勤を続けている。

助っ人たちは集落の人たちと交流する中で、「このままでは歴史のある集落が消えてしまう。何とか食い止める手立てはないか」と考え始めた。例えばそばを植えて山頂のそば屋はどうかとか、歴史をこじつけて行者ニンニクの栽培を始めては、とか。三百年の歴史の染み込んだ三ツ方森米を売ったらどうか、と思いつきを喋《しゃべ》ったのは私だった。

助っ人の中に県の農業改良普及所をリタイアした人がいてアドバイスし、やがて県が「元気ムラ支援室」という限界集落対策チームを作り、そこの協力も得て二つの取り組みを始めた。

その一つは蕨。周辺の山は蕨の宝庫である。蕨の根からでんぷんを抽出し「根花粉《ねばなこ》」を作るというもので、これは和菓子の原料として高価なものだという。京都の菓子材料店の指導で取り掛かり、昨年「極めて良質」と太鼓判を押された。蕨の根はある程度掘ってあげた方が間引きの役目をして成長のためにいいらしい。

もう一つは米。狭い農地だから大量に収穫はできないから売り出すのは五〇〇グラムの小袋。稲架《はさ》で天日干ししたあきたこまちを「三ツ方森天日乾燥米」として数年前から売り出し、例年、東京・銀座で行われる「ファーム・エイド」というイベントに一昨年から出品したら十分な反応があり、昨年はリピーターがやってきた。

昨年秋、この集落の山頂にある公民館に県内の四つの限界集落の代表と関係者、地域住民が集まって「超ミニ限界集落サミット」が行われ、私が基調講話をした。

限界集落の大きな原因は、便利、華やか、大量消費の都会への憧れ現象というイリュージョンを作り上げ、それに惑わされて、足元にある宝を無視したことでもある。といって、足元を見つめて挑戦するこの取り組みで全員六十五歳以上、秋田県最小の限界集落・三ツ方森に展望が開けたかというと、必ずしもそうは言い切れない。希望の灯ではあるが。しかしこれが他の限界集落の心の支えになれば、そちらの効果に意味があるだろう。

２０１４年5月14日

ネガティブな合併効果

私の住んでいる所は、ＪＲでは秋田駅から奥羽線上りで二つ目の駅で所要時間十五分ほど、車では県庁など官庁街から三十分とかからない旧・河辺町。平成の大合併で秋田市に吸収された。最近話題の人口減少、集落消滅問題では、県内で最も早くなくなる地域の一つらしい。

官庁街からも中心市街地からもそれほど遠いわけではなく、大型ショッピングセンターに車で十分足らず、目と鼻の先に国際教養大学、秋田空港には車で十分前後の場所にあるのに、なぜそんなに展望がないのか。考えられるのは人を引きつける魅力に乏しいことかもしれない。農村地帯ではあるが穀倉地帯というほどでもなく、秋田市の中心部からそれほど離れているわけでもないのにベッドタウンでもない。これといった観光資源もないし大きな企業もない。

この地域がちょっとにぎわいを見せたのが二十年ほど前の数年間。秋田県を面白くしようという若者たちが、河辺町を秋田県の中心と定め、「秋田のへそ」に認定した。それを機会に、町の中心から車で三十分ほど奥地に入った岩見三内という所に「へそ公園」を造り、近くに辺《へ》岨《そ》神社を建立。毎年さなぶりの頃にそこで「へそまつり」を行った。広場の特設ステージでは県内のプロ、セミプロ、素人の芸達者たちの演芸が披露され、メインは「へそ踊りコンテスト」。このコンテストはメディアをにぎわした。広場にはたくさんの露店が並び、地元の人たちも旬の野菜や山菜を売る。県内から多くの人々が集まり、臨時も含めた百台余りの駐車場は満車。道路にも多く並んだ。

当時としては珍しいへそ助クンというマスコットキャラクターも作った。辺岨神社では安産お礼と生まれた子供の健康を願ってへその緒が納められる儀式。近くには十和田湖の奥入瀬の一部を切り取ったような滝や淵《ふち》、渓流などが木立の中に見え隠れする岨谷峡という景勝地があり、「秋田の奥座敷」とも呼ばれた。

そこは雄物川に注ぐ岩見川の源流で、この地区の真ん中あたりの河川敷の一部がコンクリートの階段状になっていて、夏に清流祭りが行われ、これがこの町の代表的な行事の一つだった。下流の私が住んでいるあたりの河川敷も土を運んで広げられ、盛大に花火大会が行われるようになった。

岩見川は鮎《あゆ》の宝庫で、解禁されると全国各地から釣人がやってくる。さなぶりからお盆にかけて、町はにぎわった。やがて町が場外船券売り場を誘致し、隣町がアメリカの大学の秋田校（国際教養大学の前身）誘致を進めていた時で批判もあったが、町の財政は潤った。

しかし、へそまつりはやがて行われなくなり、先週末へそ公園に行ってみたら人影はなく、バーベキューができる場所は立ち入り禁止、ローラーすべり台は動かず、ラジコンサーキットレース場も音がない。管理棟は無人。

秋田市になってから清流祭りも花火大会も行われなくなり、階段式の河川敷は草茫々《ぼうぼう》、我が家の近くの河川敷は四分の一ほど流れに削り取られている。かつての役場に話を持っていこうにもそこは今、単なる窓口業務だけで、何の力もない。

こういう風景は県内いたる所で見られる。平成の大合併のネガティブな効果なのかもしれない。そして、中心部から遠い所から寂れ、消滅していくのだろうか。

2014年6月25日

老舗温泉宿、存亡の危機

また老舗の温泉旅館が店じまいする。国道七号の青森県との県境、矢立峠にある日景温泉で、八月いっぱいで一二一年の歴史を閉じるという。由緒ある旅館や、秋田県を代表する観光地や温泉のホテルが存亡の危機に陥り、地元資本が手放し、あるいは県外の業者の手を借りる話がニュースになったのは、これで今年何件目だろう。

国道一〇八号、宮城県との境にある秋の宮温泉郷の稲住温泉は、文豪武者小路実篤らが長期逗留《とうりゅう》したり、有名政治家が隠れ宿として体を休めたりした旅館だった。数年前一部が崩壊し休業していたが、中央資本の手を借りて改修し再スタートすることになったという。

十和田湖や八幡平の観光客にも人気の湯瀬温泉には大きなホテルが二軒あったが、数年前そのうちの一軒の姫の湯ホテルが県外資本の手に渡って名前も変わり、もう一軒の湯瀬ホテルも今年、中央資本に売り渡された。

秋田の観光といえば男鹿半島。全国的に奇習なまはげで知られ、奇岩怪石の海岸美や歴史、海の幸のもてなしも魅力の、秋田県観光のいちおしと言ってもいいほど。しかし、男鹿温泉郷

はずだ。

の何軒かのホテルの不安定がかなり前から言われているが、何度かの危機を乗り越えて来たはずのホテル帝水がギブアップした。このホテルは皇族方もお泊まりになるほどで、しかも男鹿観光の呼び物のひとつの男鹿水族館ＧＡＯとは目と鼻の先に位置するが。

ここにきてネガティブな大きな話題は、十三年前に就航したソウル便が三カ月の運休。しかも、その後の再開は必ずしも保証されていない。この便は、就航時から苦戦続きだった。初めのうちは県の利用者への補助があって人気で、企業の社員旅行などにも利用された。個人でも出かける人が多く、私も行った。タイミングよく韓流ドラマブームがあり、「アイリス」のロケ地が秋田になったこともあって、日本から多くの人々が韓国に出かけ、韓国からもたくさんの観光客がやってきて秋田は有卦《うけ》に入った。私は「浮かれていてもせいぜい数年。次の手を考えるべきだ」と書いたり言ったりした。しかし、何もした様子はなく、客足が衰え、搭乗率が黒字の目安の七〇％を割り、やがて届かなくなり運休の危機が訪れ、その度に知事がソウル詣で、何とかつないできた。

私は、産業、学術、文化の交流を、と言い続けたが県は動かず、県民世論はおきなかった。「アイリス」のロケ地に、色あせた写真が風にさらされている。

今ごろになって「産業や経済の交流を」と関係者幹部が言っているようだが十三年前に取り掛かるか、私の提案に耳を傾けるべきだったのだ。そうすれば秋田県そのものが変わっていたはずだ。

秋田県はかなり前から「観光立県」を宣言している。では、具体的に何をしているのかというと、よくわからない。確かに昨年、夏に男鹿市を中心に「海フェスタ」を、晩秋初冬に「デスティネーションキャンペーン」を行った。海フェスタの成果はよくわからず、デスティネーションキャンペーンの総括は、なぜか県ではなく銀行のシンクタンクが「客数は伸びたが、宿泊客は頭打ち」と分析した。看板を掲げ、お題目を唱えるだけでは何事もなし得ない。

この秋、第二十九回国民文化祭が秋田県で行われる。正念場である。

2014年8月6日

国民文化祭の発信力

八郎潟町に、江戸時代から継承されてきたといわれる盆踊り「虎子踊り」を見たのは昨年夏だった。この町に浦城という小さな山城の跡があり、地域の人たちの努力で整備され、心地よい汗をかく程度の山登りが体験できるし、頂上の本丸跡は広場になっていて、特設ステージを組んで芸能発表会なども行われる。その踊りはこの山城のふもとの集落で踊り継がれてきた。それが今年は国民文化祭の県民参加事業として、地元の五城目高校の生徒たちによって披露された。これで継承の道が開けた。

八郎潟町は、春の「願人踊り」や夏の、秋田県三大盆踊りの一つ「一日市盆踊り」など伝統芸能の町として知られる。そこにまた一つ歴史が染み込んだ財産ができた。

私の住む秋田市河辺地区でも、小さな集落で戦後十年ほど踊られていた二つの音頭が、地区の敬老会で復活披露された。県内では各地で、かつて盛んだったがいつの間にか廃れたり、地域で細々と引き継がれてきたものが息を吹きかえしたりしているのが目に付く。

あるいは、能代市では「秋田に集まれ！児童舞踊の仲間」という催しが行われ、東京、宮城、岩手からも集い、総勢百五十人余りが〝子供文化力〟の発信をした。この企画も、国民文化祭の県民参加事業である。

第二十九回国民文化祭は、秋田県二十五市町村を舞台に四日から十一月三日までの一カ月間、秋田の文化力を七十の分野で歴史、芸能、芸術で表現する。その他に県民参加事業が約三十。秋田の文化のすべてを堪能してもらおうという試みである。

この取り組みの過程で発生したのが、先に挙げた「眠っていたものを目覚めさせる」活動である。単なる一カ月間のお祭り騒ぎではなく、これを機会に身の回りにある魅力的なもののほこりを払い雑巾掛けして表に出す。この意味は大きい。表に出して誇り、褒めてもらうことによって自信が付く。

という意味では、この一カ月間はもちろんだが、その先にどうつなげてゆくか、秋田県の「発見と創造」の未来が左右される。

今まであまり意識していなかった掘り起こしたもの、新しく創造したものを、さらにどう育ててゆくか、関わった若い人たちや子供たちにどのようにバトンタッチするかなど、この祭典後がさらに楽しみでもある。

個人的なことをいえば、北秋田市で開かれる「現代詩フェスティバル」で、津軽在住の〝放言詩人〟、伊奈かっぺい氏と「地域文化と詩、方言と風土」について対談するし、秋田市が会場の「日本舞踊の祭典」では、長唄の群舞「竿燈《かんとう》」の作詞を受け持ったので、重責を自覚している。

食文化の宝庫で、王国としてキリタンポやだまこ鍋、ハタハタのしょっつるかやき、横手焼きそばやじゅんさいなどそれぞれの地域の固有の食があり、酒の秋田。そんな秋田を訪れる人たちが楽しみにしているだろうし、それを自信を持って提供することがおもてなしのはず。だが、そういう全国区の食をさておくように、中には何の勘違いか突然の新メニューで〝統一の食でおもてなし〟などと言い出すところもあってびっくりしたが……。

この祭典で県外客に満足してもらうとともに、「これからの秋田の文化」の方向付けにもなるのだから、全員参加で、心込めて真心を尽くして思い切り秋田を表現することを心掛けるべきだろう。

2014年10月1日

秋田弁川柳がエネルギー

地元テレビの情報番組で、視聴者から寄せていただいた秋田弁を織り込んだ川柳を、感想を付けて紹介するコーナーを担当して五年半になる。

私は川柳作家ではないし、勉強したこともない。若い頃に一時興味を持ち、三年ほど夢中になって作り、ちょっと注目されたことがあったがすぐやめた。作り出した理由もやめたわけも分からない素人である。

だから川柳を語るつもりはない。何の知識も蓄えもないから仕方がない。しかし、よく耳にするのが「諧謔《かいぎゃく》」とか「穿《うが》ち」とか、なにか物事を斜《はす》っ交《か》いに見ることが、川柳の必須条件のように言われているようだ。だからなのだろう、川柳には時々〝時事〟とか〝世相風刺〟というような冠がつく。でも、それも扨置《さてお》く。

テレビの情報番組で、視聴者から寄せていただく作品を読んでいて幾つかのことを教えられる。

作品を寄せてくださる方々の九〇％以上が六十五歳を過ぎた、よく使われていて嫌いな言い方の高齢者。この言い方は行政が言い出し、メディアが使って一般化したのだろうが、六十五歳を過ぎると老いぼれ扱いし、さらに行政は〝後期高齢者〟という悍《おぞ》ましい呼び方まで作り出した。しかし、この世代の元気さや頭脳の明晰《めいせき》さを、このコーナーを担当して知った。行政やメディアが封じ込めているだけで、実はしたたかに意欲的なのである。

毎週百句前後、多いときは二百句近くにも及ぶ作品は、過去を振り返り、今を生きることを確認し、未来を描く。

そして秋田弁。たぶん日常生活ではあまり使えないが、できれば孫と秋田弁で語りたい。子供夫婦はそれを許さない。共通語という味気のない言葉でもぐもぐと話すしかない。しかし、川柳の中に入れれば自分の思いも心置きなく語れるし、好きな秋田弁がテレビを通じて全県の人々に届く。他の人たちの作品も溢《あふ》れるように秋田弁が躍っている。そこに生きがいを見つけたのだろう。

九十四歳の女性は、時々、亡くなった夫のことを詠み、七十六歳の女性は少女のような恋に震える胸のときめきを謳《うた》い上げ、八十歳を過ぎた男性は赤紙一枚で戦地に散った先輩や身内のことを悔やむ。初孫からおねだりの電話をもらって舞い上がり、オレオレ詐欺を撃退した作品も寄せられる。

これらの作品を寄せてくださる方々のほとんどが、かつて川柳を作った経験がなく、テレビを見てはじめたという。川柳作りの素人の私は、番組の初めの頃に「五・七・五と指を折って作ってください。例えば〝秋深ぐ　木枯らし吹げば　やがて冬〟からはじめましょう」と言い続けた。「方言は宝です。その宝を楽しみながら後の世に伝えましょう」とも言う。

作品と一緒に手紙も添えてくださることがある。「三年も続けたら、夫を亡くして以来苦しんできた鬱状態が消えた」という手紙をもらったことがあった。老々介護の厳しさが和らいだ、とおっしゃる方もおられた。

高齢化社会という。診察券には㊔のハンコが捺《お》され、車には紅葉マークのステッカーを貼れと言い、それらは必ずしも高齢者を労《いたわ》る意味だけではない底意が感じられる現代。

一つの時代を生き、さらに生き続けようとしている世代にとって、「方言」と「川柳」はエネルギーになっているようだ。

2014年11月12日

ハタハタ不漁と漁業県秋田の課題

今年も秋田のハタハタは不漁らしい。漁獲量を調整してきたからかつてのように乱獲などが原因とは思えない。秋田を全国に売ってきた主役の一つがピンチだとすれば大きな問題だ。

昨年暮れ、民間が企画した、秋田の海を考える小規模のシンポジウムを聴きにいったとき、男鹿の海の状態を調査している学者が「藻場に変化が見える。荒れている」と話していた。ハタハタが冬の海にやって来るのは、藻に卵を産み付けるためである。藻が枯れたり藻場が荒れたりすればハタハタは来なくなる。

先日、定年後、趣味で漁業をしている友人に最近の様子を聞いたら、「全くダメだ。最近はほとんど海に出ない」と言う。魚が取れなくなったというのだ。原因は、プロの漁師たちが漁獲が少なくなって漁法を変えた影響が大きいのではないかと言う。底網という漁法で海底にいる稚魚まで一網打尽にしてしまうのだという。私が、どういう漁法か、と問うと、友人が「海の底に網を沈めておくやり方だ」と言う。これでこれから成長する〝資源〟まで根こそぎ取ってしまうという。自分で自分の足を食っているようなものだ。

シンポジウムでは漁業の六次産業化も話題になった。中で注目すべき課題が、あまり気付いた人がいないまま頭の上を通り過ぎた。

漁業の六次産業化が秋田の未来にとって大切なことだというが、六次産業とはどういうことなのか現実に沿った基本的なことをキチッと押さえた議論がなされておらず、具体的な取り組みを構築している様子が見えない。だから一次産業としての〝資源作り〟ができていない。一次がなければ二次も三次もないから六次が描けない。

もう一つはその〝資源〟についてである。秋田では漁業を語るとき、ハタハタで始まって、中を飛ばしてハタハタで終わる。水揚げ量のベスト五くらいに入るホッケやアジ、スルメイカなどはほとんど話題にならない。ハタハタに象徴されるように、発想が「煮て食うか、焼いて食う」範疇《はんちゅう》を出ないからである。おいしさにおいて秋田のホッケはシマホッケの足元にも及ばないし、アジは小ぶりで、いずれも商品価値が低い。

私はこういう話をしたり聞いたりするとき、山形県の千菓子の例を思う。かつての山形県産米は必ずしもおいしくなかったという。しかし、それを千菓子にして、やがて日本一を新潟県と争うほどの産業に育て、最近は米も「つや姫」のような米を生み出すまでになった。対する秋田県は全国トップクラスの農業県なのに、ポストあきたこまちを作り出すのにあくせくしている。

話を元に戻す。ホッケやアジはかつて取って来ては再び海に捨て、やがて養殖魚の餌にするが処理しきれずに取る量を減らしている。なぜ、「加工（二次）」「販売（三次）」を本気になって考えないのだろう。不思議な話だ。

私は、過去に男鹿ガイドブック作りとテレビの仕事で二度、長期間秋田の海と海岸線の取材をしているので、時々漁業について発言し、行政などから「素人が余計な口出しをして、やりにくくてしようがない」と煙たがられたことがあるが、秋田県は漁業県で、藻場も含めて〝資源〟がある。それを行政や関係機関、県民がどうするかだ。

２０１５年１月14日

白岩城址燈火祭

仙北市角館町白岩地区の冬祭「第十四回白岩城址燈火祭《しらいわじょうしとうかさい》」が二月七日夜、盛大におこなわれた。

この祭は、この地区の村おこしグループが始めた新しい祭である。白岩は昭和三十年代の大合併で周辺四町村が合併して角館町になるまで白岩村だった。村の歴史は古い。代表的なのは陶器の白岩焼。江戸中期には秋田藩の窯元として栄え、最盛期には五千人もがそこで働いていたという。またここは五百年ほどの歴史がある城下町である。集落の外れに館山という山城の跡があり、道路は碁盤の目に整備され、大名行列もおこなわれ、さらも残っている。

ここの城主の菩提《ぼだい》寺を雲巌寺といい、面白いエピソードが残っている。寺の山門の仁王像を彫ったのが近郷の中仙に住む円満造という宮大工。この仁王像を彫るときにくちずさんでいたのが後のドンパン節といわれる。ドンは寺の時刻を告げる鐘の音、パンは鑿《のみ》を打つカナヅチの音。私はここを「城下町角館の奥庭」と名付けた。

その白岩。人口減少が進み、中学校がなくなり駐在所が廃止され、今、百五十五世帯、住民が六百人。限界集落化におびえる。

地区の若者たちがうろたえたのは二十年ほど前。「このままでは白岩がなくなる」。そこで人口減少にブレーキを掛け地域の衰退を止めるための手立てを考え始めた。「プロジェクトS」の立ち上げである。〝S〟は白岩の頭文字。踏みとどまって辺りを見回せば豊かな自然と恵まれた歴史遺産がある。これにひと味加えれば元気を取り戻せるはずだ。

グループは、「白岩焼」「城下町」「特産品」に焦点を絞り、村おこしに取り掛かる。白岩焼は、元の駐在所を市を通じて払い下げてもらって工房にし、地元の古老の指導のもとに手探りでロクロを回し、早い機会に体験型の工房にしようとしている。特産品は、地域の民謡を借りて、「ひでこ」を「秋田おばこ」「あきたこまち」に次ぐ秋田美人のもう一人の呼び名とし、「ひでこの里」作り。山菜のひでこ（しおで）の栽培に挑戦し、以来十年、ついにジャムと紅茶の商品化の目途が立ち、この秋、市場に出す。ささやかだが六次産業化である。また、トンビマイタケという茸《きのこ》栽培も手掛け、秋田県最大の生産量になり、加工品の可能性も探っている。

そして歴史遺産の城下町の生かし方として十四年前に始めたのが「白岩城址燈火祭」。山城のあった標高一〇〇メートルほどの館山の山道に五百個の篝火《かがりび》をたくと想像上の動物のキリンの形が浮かび上がる。ふもとの田んぼに二百五十のミニかまくらを作り、そこで火振りかまくらや綱引き、ひでこ節の歌の競演や踊り。屋台も出る。ここ数年の話題は国際交流で、毎年おこなわれるイベントに国際教養大学の留学生たちがホームステイで取り組む。まさに集落全員が取り掛かり、全力で楽しむ。そして来年は記念の十五回。いろんな趣向を考えることになるだろう。

グループのもう一つの大きな目標は十六年前から途絶えている大名行列の再現。小さな集落では厳しいという声もあるが、これは一集落の問題ではない。行政や関係者の協力が必要になるだろう。秋田県を代表する歴史と観光のメッカの仙北市がどうするか。

２０１５年２月25日

「現場」から故郷が見える

生まれ故郷の知人から「クリスマスローズが見ごろだぞ」という連絡があって、久しぶりに車を走らせた。車だと三十分もあれば行ける所だが、大きな川とふた山越えなければならないので、何か重要な用事でもない限り出掛けることはない。

クリスマスローズというのがどういう花か分からないが、七年ほど前に地元の有志たちが、お寺の裏山を切り開いて植えたものが今では三千四百株に増え、ちょうど一輪草が盛りになってカタクリも咲きだしたという。寺の裏山がクリスマスローズが満開の花園、というミスマッチ風に興味を持っていたが、今まで足が向かなかった。

子供の頃、山菜採りや近くにある小高い森に登ったり境内で遊んだりしたが、そこら辺りが花園になっていて、当日が日曜日だったので遠くからも花を愛《め》でにこられた人で大にぎわいだった。

その近くに、国道七号のバイパス道工事が行われる計画が持ち上がった時に、縄文時代の遺跡発掘があったという話も耳にしていたので、そちらにも足を運んだ。そこには村の働き者と美しい娘の悲恋伝説のある大きな沼があって田んぼの灌漑《かんがい》用水の役割を果たしていたが、沼に鍬《くわ》を落としてはならぬという掟《おきて》があった。しかし二人の逢引《あいび》きの途中、沼に鍬が落ち、沼の主の竜神が去り、沼は干からびてしまったという話を思い出した。

近くで畑仕事をしていた古老とそんな話をしていたら、「オメだぢ子供の頃、菱《ひし》を採っていだ沼も蓮《はす》の咲いだ沼も、みんな枯れでしまった」と古老は嘆いた。菱沼のそばに「八幡太郎義家腰掛けの松」という枝を大きく広げた伝説の松が生えており、子供の頃、シーズンになると枝に着物を引っ掛け、褌《ふんどし》一本で泳いだり錨《いかり》のような道具で菱を採ったりしたし、蓮の沼ではお盆になるとタライを持って出掛け、蓮の花や葉を採ったりタライ漕《こ》ぎなどした。

「村中の沼見でけれ。ほとんどかれでしまってる」。言われて見にゆくと沼はすっかり葦《あし》や萱《かや》の原となり、クリスマスローズの花園の真下の沼もかれていた。八幡太郎義家腰掛けの松も枯れてなくなっていた。多くの沢田や棚田は休耕や耕作放棄されていた。

昨年春、故郷の中学校から請われて保護者の会で話をした。六十年も前になるが私の中学生の頃は、一学年が七十人余り、全校で二百人を超える生徒がおり、部活は何でもできた。今は生徒が七十人を切る。私たちの頃の三分の一ではないか。しかも、部活が男子は野球、女子はバスケ。それにブラスバンドだけだという。女子バスケは三年生が公式試合が終わって退部すると練習もできない数に減るらしい。生徒の減り方は毎年五人前後で、このままだと十数年で中学校がなくなる。小学校も……。

こうして自然が枯れ、人が減り、やがて限界集落に転げ落ちゆくのか。地方創生だとか若者の地元定着策とか一般論としては声高に言われ、政治は何かをやったと言い、都会に暮らす人や都会に出て行った人たちはそれで胸を撫《な》で下ろし、地元に住んでいる人はその深刻さにあまり気付かない。しかし、現場に行ってみると、呆然《ぼうぜん》としてしまう。故郷は再びクリスマスローズのように咲き誇ることはないのか。

2015年4月8日

限界集落対策の課題

四月二十九日、穏やかな天候のもとで、由利本荘市三ツ方森集落の山焼きが行われた。三ツ方森は五世帯住民八人の山中の集落。この集落の山焼きは三百年の歴史がある。藩政時代、本荘藩から派遣された数家族の農民が、隣り合う二藩の様子を見ながら、狭い土地で米作りや牧畜、山菜採りなどで生計を立てていた所で、山焼きは農地の病虫害の駆除や牧草や山菜を育てるなどのため、約一〇ヘクタールを春に焼く。ところがもともと少ない住民が減り続け、高齢化が進み、十五年ほど前、住民だけでの山焼きが難しくなり、ふもとの人々が中心になって、「山焼きを残す会」を作り支援。会員は十五人ほど。私もメンバーの一人である。

この集落、まさに絵にかいたような超限界集落。八人の住民は全員六十五歳以上。存続の危機状態と生き残るための取り組みについては昨年五月十四日のこの欄に書いた。

今回は別の角度から考えてみる。

例年は終わってからの住民と残す会のメンバー、一般や大学生のボランティアたちとのにぎやかな懇親会までいるのだが、今年は一部別の用事と重なり、昼食の後で途中退席した。会の幹部から「一言あいさつを」と言われ、とっさに思い付いたのが、三ツ方森の山焼きは三百年余りの歴史に裏打ちされた伝統行事、ということであった。私は、

「この集落を消滅させないための取り組みが続けられているが、高齢者八人。新しく住む人はなかなかいない。失礼を承知で言うが、このままでは早晩集落がなくなる。集落がなくなれば山焼きも多分続かないだろう。これは単なる限界集落をどうするかというだけの問題ではない」

と言った。この集落が消えることによって三百年の伝統行事も消えてしまうかもしれない。一つの文化が消えることだ。

そしてこれは、単に三ツ方森集落のみの問題ではない。私が関心を持ち、足を運び、ここでも取り上げる所に、県北部の北秋田市阿仁の根子集落や仙北市角館の白岩集落がある。いずれも人口減少と高齢化が進み、限界集落化におびえている所である。そして阿仁の根子は、源氏や平家の落ち武者が住んだ所と言われ、旅マタギの発祥の地でもある。国指定の重要民俗文化財「根子番楽」があるし、角館の白岩集落は五百年の歴史ある城下町で、ささらや大名行列などが残されているが、大名行列は人口が減ってここ十年余り行われていないことは、以前ここに書いた。生活雑器として東北一円で使われた陶器「白岩焼」も、今は細々と続けられているだけである。

秋田県内では、調べればこういう状態の集落はもっとあるだろう。

これらはきっと、秋田県だけが抱えているわけでなく、全国的なことだろうと思う。私は、「守るとか支えるだけでなく、何かこの集落にあった事業を持ち込むなどし、新しい血を入れることが必要なのではないか」とあいさつを締めくくった。その場に、県の過疎化対策の職員や、市の関係者もいたが、どのように聞いてくれたか。

地域の過疎化、住民の高齢化と、地域の消滅のみが語られるが、実は、伝統行事とか歴史とか、文化が消えていくことも重要な問題なのだ。それらが消えれば、日本列島はパサパサと乾燥した潤いのない島になってしまう。大きな課題だ。

2015年5月27日

心と体潤す湧水、清水

六月のはじめ、雑誌の取材で、秋田県内の湧水《ゆうすい》、清水を訪ねて車で三日間走った。湧水や清水にそれほど関心があるわけではないが、県内を仕事で車を走らせる時、そういう水場に出会うと喉を潤し、後部座席にいつも置いている大きめのペットボトルにくんできて、水割り用の氷を作るようになって、もう十五年くらいになる。湧水によっては古い言い伝えのあるものや、つい最近まで簡易水道の水源地として使われていたという所もあって楽しい。

三日間に訪ねた場所は十カ所ほどだが、その他にも無名だが近くの人たちに昔から飲まれていたり、新しく発見されて整備され、美味《おい》しさを知って遠くからくみにくる人が行列をなす所も多く、かなりの数にのぼるようだ。例えば私の家から車で十分くらいの所に三カ所ある。もう少し足を延ばすと、十カ所ほどの湧水、清水がある。

比較的名前の知られている所では、正岡子規高弟四天王の一人、俳人・石井露月の生家近くの湧水は、露月が晩年こよなく愛し河東碧梧桐や日本画家の平福百穂などが訪ねてきているし、美郷町の六郷湧水群は町内に百二十六も湧き出ている名所だ。青森県との県境の国道一〇一号脇には、津軽の殿様が参勤交代の度にそこで休んだという「お殿水」、田沢湖から八幡平に抜ける国道三四一号沿いには、これも殿様がこの水でお茶をたてたという「茶立ての清水」があって、ドライバーのオアシスになっている。

これらの中で注目されるのが海中に湧く伏流水。白神山地や男鹿の連山、鳥海山から日本海に湧く伏流水は、ハタハタや岩牡蠣《がき》を育てる。これからがシーズンの由利の海の岩牡蠣は、この伏流水の賜物《たまもの》といっていい大きさと美味しさである。

秋田県には、北から米代川、雄物川、子吉川の三大河川があり、昔は川運や秋田杉の運搬に利用されたが、水が栄養たっぷりで沃野《よくや》を育てた。白神山地や森吉山、鳥海山は戦後、木材需要を予想してブナを伐《き》り倒して杉を植えるという愚行があって、杉は一部にしか育たず山が荒れた。山が荒れれば伏流水など多くを望めなくなり、白神山地や鳥海山にブナを植え、男鹿の山に広葉樹を植えようという活動が、民間団体や森林組合の手で二十年余り前から続けられている。私は男鹿と鳥海山の活動を、かなり前から見つめている。

そして今回、湧水、清水を訪ねていろんな人たちの話を聴くと、私のような好奇心の塊のような人間でも知らないことが多く、水をおろそかにしていることに気付く。目から鱗《うろこ》のような例を一つ挙げれば、鳥海山から流れる水は養分たっぷりで、田や畑にとっては恵みの水だが何せ冷たい。その水を利用するため、水路を広くし、多くの段差を付けて流して温かくする工夫がなされている。山から流れ落ちて米や野菜を育てる水や、山に染みて海に湧き出て魚介類を育てたり、麓《ふもと》に湧いていにしえから今に至るまで人々に愛飲され、物語がついて語り継がれている。

まさに、これらが人々の心や体を潤している。水を粗末にするな、とはたやすく言うが、こういう現場を歩いて、それを日常生活と対比してみて実感することは、自然は私たちを育んでいる。私たちはなにをしているのか、ということである。

2015年7月8日

夏祭り、三十年ぶりの復活

私の住む集落で、約三十年ぶりに夏祭りが行われた。今は町内会というが、農村地帯の周りがすべて田んぼで、係累をたどってゆけば二、三軒の家に集約されるのではないか。姓も「大山」と「金」が大半を占める。

その集落に私は三十年余り前に家を建てて住んだ。その集落のちょうど五十世帯目であった。集落とは縁もゆかりもないよそ者だった。もちろん、宅地開発が進んでいて、その一角を買ったわけではない。知人を通じて頒《わ》けてもらった谷地田だった。集落の人たちは異人を見るような気持ちだったかもしれない。四人家族のうち私はサラリーマンで単身赴任、長男は大学生で東京。妻と高校に入ったばかりの娘の二人がそこで暮らし、私は月に一、二度週末に帰った。

妻は近所付き合いに励んだが、私はよそ者を堅持した。集落では、正月の春祈祷《きとう》や夏祭り、秋の祭りなど幾つかの年中行事があったが、私は出たり出なかったりした。

夏祭りはこの集落から出て行った人たちが里帰りするお盆の夜に神社の狭い境内に櫓《やぐら》を組み、カラオケや踊りなどを楽しみ、夜店も数軒出た。私は、それを楽しんだ。ところが数回で終わった。

　五年余り前だったかしら、親戚付き合いをお願いしている家のおばあさんが亡くなった時、それを集落の家々に知らせる「村送り」の役目を割り振られ、集落に住んで何代目かの人と一緒に回った。一軒一軒回るのだが、その人が「この家は老夫婦二人」とか、「八十歳のおじいさんが一人」「ここは空き家」と教えてくれた。まさに高齢化、過疎化の典型、限界集落の急な坂を転げ落ちている状態だった。ここに住んで二十五年ほど、我が家の高齢化も進んでいた。

　その集落の田んぼや畑だったところに新しく家が建つようになったのは数年前からだった。それまで我が家は集落の東外れだったがやがてその先に五軒ほど家が建った。町内会の集まりに出た時に、どういう人たちが家を建てているのかを訊《き》いてみた。町内会長は「皆よそからきて住み始めた知らない人ばかり」と言う。そして、新住民は、すべてが町内会に入るわけではなく、それで不便を感じている様子もないという。

　私は春の庚申講《こうしんこう》の集まりの時に、酔った勢いを借りて「また夏祭りをやろうよ」と提案した。ここに住み始めた頃のあのにぎわいが懐かしくての発言だった。当然、祭りには金が掛かる。町内会は予算化していない。私の提案は酒の席の戯《ざ》れ言《ごと》で終わるだろうと思った。それから半月ほどしたある日、町内会の役員が訪ねてきて「有志がお金を出し合って、ささやかだが夏祭りをやることにした」と言う。

　そして八月の最初の日曜日、神社の境内で夏祭りが行われた。驚いたのがその先頭になって動いたのが、この数年の間に住み始めた若い夫婦たちであった。当然華やいだ。老人たちは懐かしく、若者たちは新鮮に、それぞれ感動した。
町内会長に訊くと現在は、六十一世帯に増えたと言い、その理由は分からない、と言う。考えられるのは小学校が比較的近いこと、ＪＲの駅もそれ程遠くなく、国道や自動車道のインターがそばで、空港も指呼の間。そして静か。しかし、それだけでこの人口減少時代、新しい人が住み始め、住人が若返り、集落が脱皮し、蘇《よみがえ》りつつあるのか。

2015年8月26日

藻場はよみがえるか

九月下旬に、「海の森作り」というネーミングにひかれて漁業関係のシンポジウムを聴くために男鹿市に出かけた。四十人ほどが集まった会だった。

荒れている藻場の現状を分析し、どう対応するかがテーマで、民間の研究グループの企画だった。

このグループの代表とは五年ほど前に会っている。男鹿市の森林組合が「ハタハタを育むエコの森作り」という青空シンポを毎年やっていて、その年、林業も漁業も素人の私が基調講演とパネルディスカッションのコーディネーターを務めた。なぜ門外漢の私が指名されたかというと、一九九二年、秋田の海からハタハタがいなくなるのではないかという状態になった時、三年間の禁漁。九十五年の解禁直前、新聞社が「ハタハタと秋田の食文化」という大規模なセミナーを行い、私がパネルディスカッションのコーディネーター役を担った。その時、秋田の海と漁業についてにわか勉強をし、その後何度かメディアに意見を述べた。二〇〇一年に、国が木材需要を想定してブナを切り倒して失敗した鳥海山に、「おいしいカキを育てるためにブナを植えよう」という活動を追って雑誌にルポを書いたりしたことを知って声がかかったようだった。その集いに九州の大学教授を終えて秋田に住みはじめた学者がきていた。その人だ。シンポは、主催グループ代表の海底調査報告と県の調査機関の研究者の基調報告、それに漁業関係者らによるパネルディスカッションで進められたが、聴いていて話がかみ合わず、違和感すらある。

県の研究者は藻場の荒れの原因として海底の砂の動きとかなり前に起きた大しけをあげる。一方で漁師は十年あまり前に秋田県の海岸線を襲った松枯れ病をあげ、私が取材した漁業関係者は、魚網の防腐剤の使用を指摘した。かみ合わない原因はこれのようだった。

私は話を聴きながら不思議な気がした。男鹿市にある県の調査機関の研究員の報告の中に、漁民が感じ取り考えていることが全く入っていないのだ。私は素人で、しかも、本格的な取材をしているわけではないから、どれが的を射ているのか分からない。でも地元の漁業関係者と県の調査機関が考え方や問題点を共有していないのだ。本来なら、一緒になって問題点を明らかにして対策を講じるべきなのに。

藻場、すなわち海の森がよみがえらなければハタハタだけでなく、魚がやってこない。主催者たちは単に藻場の復活だけでなく、コンブやワカメなどを育てられないかも模索しているようだった。

帰りの車の中で、秋田の漁獲量について考えていた。水揚げ量は最近はハタハタがトップのようだが、かつてはホッケやアジなどがトップを占めていたこともある。スルメイカや紅ズワイガニなども多い。しかし、ホッケやアジなどは人気がなく養殖魚の餌にしたり、余れば再び海に捨てたりしていた。私は形を変え、価値を付加した加工業に力を入れるべきだ、と主張し続けているが、その取り組みが見えるわけでもなく、最近はとらなくなったのか水揚げ量が落ちた。漁獲量が制限されているハタハタも昨年は不漁で、その原因がよく分からないらしい。

行政や関係者が真剣に考えず特に策のないまま秋田県の海は荒れ、想像を超えた漁業の崩壊が進んでいるのかもしれない。

2015年10月14日

県産酒で乾杯

秋田県でこの頃《ごろ》、奇妙な風景を目にする。「県産酒で乾杯」。一年半くらい前に県内の酒処《どころ》の町の首長が言い出したことで、町内で行われる祝賀会などの乾杯は地元産の酒でやろうと提案し、やがて条例化された。その後、いくつかの市や町が追随し、県も尻押しし、二〇一四年七月に県も「乾杯条例」を施行した。面白い試みかもしれない。最初の頃私はそう思った。しかし、どこかに違和感があった。官が民の首根っこを押さえて、条例まで作ってすることだろうか。

奇妙な風景はそういうパーティーなどで頻繁にみられるようになった。どんな種類の酒なのか、あらかじめ注がれた小さめのグラスが、プラスチックの蓋《ふた》をされてテーブルに置かれてあり、それで乾杯をする。拍手があって各々《おのおの》が着席すると、間髪を入れずにビールが運ばれ、テーブルごとにほとんど全員がそれを注ぎ合って、なにか悪いものでも飲んでしまった口を漱《すす》ぐようにまた乾杯を行う。それからは、特に清酒好きの人以外は先程の「県産酒で乾杯」が悪夢で、それから覚めたようにビールあるいは焼酎、ウイスキーの水割りなどを飲み始める。もちろん、特別に注文しない限り清酒はテーブルに運ばれてこない。焼酎はほぼ一〇〇％九州産。県内産も良質なものが多くあるが、まず出ない。ウイスキーはもちろん県外産だから、宴たけなわになると、テーブルの上の酒は県外産にほぼ独占される。秋田県は全国有数の酒どころである。かつてはトップになったこともあり、「特級酒より美味《うま》い二級酒」といわれ、大衆に好まれた。しかし、他に押され、その地位を下げ、今はベスト5に入っているだろうか。私は、「酒の質のせいだけではない。飲ませ方の工夫が足りない」と言い続けてきた。強引なすすめ方、飲み過ぎて酔いつぶれる、という飲み方が長く続き、それが若者たちに敬遠され、清酒離れが加速した。

二十年くらい前だったかしら。秋田の美味《おい》しい酒を上品に飲んでもらおうと、酒蔵と企画集団がタイアップした居酒屋を秋田市に作り、それが大変話題になり受けた時があった。企画メンバーの中にいた知人に、「県内各地に作るべきだ」と提案したが、やがてなくなった。十五年くらい前に新潟市に行った時、夜の古町通りを彷徨《さまよ》った。その時入った店のことをその後、講演などで例に出したり文章に書いた。店内は黒で統一され、若者が集まりそうなスナック風。しかし、居酒屋だった。長いカウンターといくつかの椅子席に十数人の若者たちがいて、つまみは野菜サラダ、酒はグラス、カウンターの後ろには新潟の酒がずらりと並んでいて、ワンショット五百円。銘柄によって量が変わる。若者たちは談笑しながら二、三杯飲んで各々二千円ほど払って店を出る。私もそれを真似《まね》た。しゃれているなぁ。これだなぁ、と感心して帰ってきたのだった。秋田ではそういう店に入ったことがない。手作りなのか厚ぼったい盃《さかずき》、いびつな片口。通とか粋とかに拘《こだわ》る人はそれでいいのかもしれないが、それで新しい清酒飲み人口が増えるとはどうしても思えない。

今、秋田県の酒は海外展開に熱心だ。遅ればせながらという感じだが、いい結果が出ているという。結構だ。ただ、足下を扨置《さて》いて、というのなら、勘違いというものだろう。取り敢《あ》えず、「県産酒で乾杯」運動。さて、丁と出るか半と出るか。

2015年12月2日

斬新で革新的な長唄「竿燈」

一昨年十一月。国民文化祭あきた二〇一四の「日本舞踊の祭典」の会場。最終演目は秋田県支部による長唄「竿燈《かんとう》」の舞。終盤に入る頃、満員の秋田市文化会館の客席から手拍子が起き、やがて沸き上がるようにそれが高まり広がった。演じ終わってからの拍手もしばらく鳴りやまなかった。演じている間の手拍子はかつて無かったことだという。

閉会のあいさつに立った秋田市実行委員長の市長も、日本舞踊の祭典企画委員長も、その前代未聞の雰囲気に興奮気味で声が震えがちだった。テーマが秋田の夏祭りの竿燈で、これも過去にあまり例のないらしい十七人による群舞だったから、客席が盛り上がるのも当然といえば言えるのだが。

この舞が昨年から今年に掛けて話題になる。

県内では「国文祭の感動を再び！」と銘打った「県芸能フェスティバル」などで踊られ、国文祭でこの舞を発表するために尽力した日本舞踊協会秋田県支部長の花柳登代丈さんが今年度、秋田市文化章を受章、今年度の県芸術選奨特別賞に日本舞踊協会秋田県支部が選ばれた。その理由が長唄新曲「竿燈」。郷土の誇りと高い芸術性を融合させた舞は日本舞踊の可能性を感じさせ、聴衆を魅了したという。

一昨年の国文祭に全国から集まった十七の演目を見た。竿燈の斬新さと革新的な舞台は他を圧していたし、その後何度か舞台を見て、その感をさらに強くした。

この長唄作りに、私は少しお手伝いをした。詞は私が作った。

一昨昨年《さきおととし》の春ごろだったかしら、日本舞踊協会秋田県支部長からお電話をいただいたのは。

「来年秋に秋田で開かれる国文祭の日本舞踊の祭典で、新しい型の舞踊を発表したいと会に提案したら多くの賛同を得て、作詞をあなたに依頼しようということになったので相談に乗ってほしい」

私はびっくりした。歌う詩は作ったことがない。テレビでチラリと見る以外は長唄を聴いたことも日本舞踊を見たこともない。改めて会った時、私は辞退したが、その熱意と思いに金縛りにあったように身動きがとれず引き受けることにした。支部長は「秋田の未来志向のある作品にしてほしい」という。特に秋田だとか未来志向などを考慮した作品を作った記憶はないが、その時脳裏を掠《かす》めたのが十年以上前に、NHK秋田放送局開局七十周年記念に外山雄三の作曲指揮による交響曲「あきた」を作る時に作詞したことだった。歌うための詞ではなかったが。そういうのでよければ、という条件だった。

形は現代詩、テーマは秋田の祭り。十数年前に作った竿燈の詩があった。それを下敷きにして作り、手渡した。その詩に若手の長唄作曲家の稀音家六公郎《きねやろくきみろう》氏が曲、日本舞踊協会理事の花柳輔太朗氏が振り付けて出来上がった。後日、稀音家氏から聞いたのだが、拙作を前に頭が真っ白になったという。今まで出会ったこともなく想像もしていなかった代物だったからである。振り付けの先生に相談したら、「これに曲を付けることで君の可能性が広がる」と励まされたという。

できたのは従来の長唄、日本舞踊のイメージを変えるものだったし、それを見事に舞った試みは、地方発の古典芸能の変化の兆しと言えるのかもしれない。

2016年1月20日

男女共同参画と男性の老後

先日、男女共同参画を推進する団体が主催する集まりで話をした。電話を受けたときは戸惑った。そういうことを本気で考えたことがなかったからだ。しかもそれに高齢化社会を絡めて話してくれというのでうろたえた。男女共同参画と高齢化にどんな関連があるのだろう。ただ、今話題になっていることを二つ並べただけなのではないか。しかもそういうことには疎そうな人にそれを振り、的外れの話をさせてお茶を濁そうとしているのでないか。私は「少し考えさせてくれ」と言って電話を切った。

数日そのことをぼんやり考えていて、五年くらい前のある〝事件〟を思い出した。妻の胃に悪性のポリープが見つかったときのことだ。調べてみたら癌《がん》だった。私は途方に暮れた。最悪のことを考えると夜も眠れない日々が続いた。妻のことを考えてのことではない。もし一人残されたら私はどうなるのだろう。掃除も洗濯も炊事も、子育ても近所付き合いもすべて妻任せにしてきた。何もできない。妻に万が一のことがあった場合、私はそれらのことにどう対処するのか。

特に炊事だ。インスタントラーメンすらまともに作れない(オレは今まで何をしてきたのか)。呆然《ぼうぜん》とするしかなかった。

検査の結果、妻の癌は全く初期のもので、そこと周辺を削り取って少し様子を見たら、それでほぼ終了で、胸をなで下ろしたが、結論が出るまで生きた心地がしなかった。初老の弱い男は自殺や夫婦心中まで考えた。

男女で仕事の場所を振り分け、夫婦が役割を分担してきた。男は外で働き女は内を守り子供を育てる。私はサラリーマン時代よく転勤し、家を留守にした。したがって、町内会活動やPTAもすべて妻任せ。私は生活費を稼いでくる。その責任を果たすことがすべてだと思ってきた。そして古希を過ぎた頃、その事件で「一人では生きていけない」ことに気付いた。

主催者にこの話をしたら、「私たちがお話ししてほしかったこととピッタリです。ぜひその話をしてください」という。

こういう団体が主催する料理教室は、私のような世代の男性でいっぱいになるという。中にはリタイアしてからの趣味を見つけにくる人もいるが、妻に先立たれて途方に暮れたあげくの人や、その予備軍が大半らしい。

今の若い人たちはいわゆる「男女共同参画」の意識が高まって、男女の性で役割を分担するのではなく、能力や適性、時間の割り振りで社会生活や家事に当たるケースが多くなっているらしい。しかし、団塊の世代以前の男性たちは「男の仕事」とか「女の分際」という考え、よくも悪くも狩猟民族的な意識を、悪意もなく持って生きてきた。しかも男性上位的な捉え方で。そしてやがて老いて、「内を守る」人に何かアクシデントが起こると、立ち往生する。それではいけない。

私は当日、私の体験をベースにそんな話をした。

社会の趨勢《すうせい》だとか、男性の無理解などは一言も言わなかった。そういう問題ではなく、男性の、もしかすれば生存に関することで、日常生活の中で夫婦が話し合い、実行すべきことだと言い続けた。参加者の三割くらいの男性は憮然《ぶぜん》とし、女性たちにはなぜかホッとした表情が見えた。

話が終わって参加者との質疑応答が行われた。「料理作りの勉強を始めましたか」

私はその質問に、哀れにも苦笑いしてうつむくしかなかった。

2016年3月2日

消えゆく伝統工芸品　残す手立て考え対策を

昨年秋、小安峡《おやすきょう》温泉に行ったとき、栗駒山に分け入り、こけし作りの現代の名工、故・小椋久太郎翁の旧工房を訪ねてみた。もう無人で中に入れず、立派な記念碑を見て帰ってきた。私は久太郎こけしが大好きで、年に二、三回工房を訪ねて絵付けをしている翁と雑談し、五回に一回くらいの割合で少し大ぶりのものを買い、友人や知人に何かのお祝いに差し上げたり、手元に置いたりしてきた。

久太郎翁が亡くなって、記念切手にもなった木地山の久太郎こけしはなくなった。こういう伝統工芸品は、どういうふうに守られているのだろう。

今は過疎の集落だが、四百年余り前は城下町だった仙北市角館町白岩地区の地域おこしグループと交流を続けて十年余りになるが、ここには白岩焼という陶器の歴史がある。生活雑器として、岩手県などにまで売られ、最盛期には五千人もの人々が働いていたというが、大量生産の瀬戸物やアルマイトなどの普及で減り始め、やがてほとんど消えてしまった。地域おこしのグループが再興を目指しているが、指導してくれていた人が先ごろ亡くなり、グループは途方に暮れている。

これと似た話が秋田県には幾つかある。他に二つ挙げてみる。

秋田市に八橋人形という土人形がある。通称「おてんつぁん（御天神様）」といわれ、その歴史は安永、天明の頃にさかのぼるといわれる。素朴な土人形は人々に愛されて、お節句に飾られる。内裏様や五人囃子《ばやし》、三人官女、金太郎や桃太郎、力士などがひな壇をにぎわせた。道川トモさんという人が伝統を引き継いできたが、一昨年、七十七歳で亡くなり途絶えた。

私は五十年余り前に雑誌の取材で先代の高松ミツさんを訪ねたことがある。当時ミツさんは八十二歳。後継者が定まらず、途切れるのを心配していた。その頃、ミツさんの身の回りの世話をする少女がいたが、道川トモさんだったのではないか。道川さんが亡くなった後、昨年、愛好家が語らって引き継ぐことになったが、ご苦労が続くことだろう。

もう一つ、最近話題になっているのが能代春慶塗である。岐阜県高山市の飛騨、茨城県の粟野とともに日本三大春慶塗の一つであるが、その工法は一子相伝といわれる。その後継者が数年前に亡くなり、引き継ぐ人がなく、途絶えていた。

「民謡の秋田音頭にも歌われている能代春慶塗が消えるかもしれない」という話を聞いたのは十五年くらい前だった。市の文化人たちと飲んだときにその話が出た。私はそういうことに疎いし、その塗り物をしみじみと見た記憶もなかったので、ただ耳を傾けているだけだったし、話をしている人たちもそれほど深刻に捉えている様子もなかった。私は「もったいない話。何とかして残す方法を考えるべきでしょうね」程度でお茶を濁した気がする。

それがついに完全に途絶え、二〇一三年に市の助成で再現への取り組みが始まった。しかし、詳しい文献がなく、採算性にも問題があり、その技術を一〇〇％生かすのは不可能という。

このような、大切な伝統工芸品や民芸品が、人知れず消えているか、消えつつある例が他にもあるかもしれない。キチッと調査して、残す手立てや復活させる方法を、真剣に考えて、早めに対策すべきではないか。

2016年4月13日

このエッセーは2006年5月から2016年4月にかけて、毎日新聞秋田面など東北各面に掲載されたものです。

あとがきに代えて

例えば秋田民謡について。

私はかなり以前から秋田民謡に興味を持って、聴く機会を求めてコンクールや村祭りにまで足を運んできた。一九七〇年代ころかしら。秋田市川反に民謡酒場があって、よく出かけたし、県外から知り合いが訪ねてくると案内した。七、八年くらい前まで山王にもあってここにもよく行った。

秋田県は民謡王国と言われる。全国に知られる民謡がたくさんあるし、のど自慢などでチャンピオンになったり秋田民謡のコンクールで優勝した人など一流の歌手も多い。重鎮、長老が何かの功績が評価されて全国表彰や勲章を受けるのをメディアで知ることが多く、まことに慶賀の至りだが、一方で極端に、しかも誤解を恐れずに言うと、全く秋田民謡を聴くことがなくなった。かつて民放のラジオやテレビが民謡番組を放送していたが、それも消えて久しい。もちろん民謡酒場はない。若い歌い手が盛り場に出かけて客の注文に応じて「出前民謡」をやっているが、これは勇敢な冒険の範囲だ。

津軽では、弘前、青森、黒石、五所川原などに民謡酒場が十指に余るほどあって、観光産業になっている。私も津軽にゆくと必ず聴きにゆくが、弘前では、そういう観光客で宿泊施設が一杯になることがよくあるらしく、歓楽街は寂れるがホテルは増えているという。こちらは、行ったことがないからメディアからの受け売りだが、沖縄民謡もそうらしい。秋田はなぜそうならないのか。

例えば、ほとんどの秋田民謡の発祥の地といわれる仙北市はどうなのか。何か模索しているものなのかしら、聞いたことはないが。

酒についても似たような思いを持っている。持病のせいで清酒を控えて久しいので余り口幅ったいことは言える立場でないが、かなり前から「このままでは秋田の酒がこの世から消えてしまう」と真剣に心配したことがある。

その大きな一つが、秋田新幹線が開通したときだった。車内販売から秋田の清酒が排除された。入札で全国銘柄に負けたのである。これにはいかにも秋田県らしいエピソードがついていて、買う人が多くなって宣伝になるし、この際ガボッと儲けようとした。

新潟新幹線が開業したとき越後の酒屋さんたちは、これを〝動く広告塔〟と捉え、まず落札することを考えた。結果はまさにその通りとなって新幹線開通によって新潟の酒は飛躍的に伸びたという。

清酒の売り上げが外来酒に押されて下降線をたどり、それに拍車を掛けるように秋田の酒が坂道を転がる状態が続く。秋田杉の状況に似ている。

その昔、全国トップを灘、伏見と争っていたのが、今は五位か六位辺りに低迷しているようだ。最近は海外市場に進出している。結構なことだが、ここはここで凄まじい戦争状態らしい。そのことと関係があるかどうか知らないが、先日、「昔の名前を捨てた酒蔵もあるぞ」と教えてくれた人がいた。古い着物は捨てるということか、なりふり構わず、ということか。そう言えば飲み会やパーティーなどで清酒の立場が余りよくない気がする。

無国籍のつまらない名前の酒が、悲しげに隅の方で手持ち無沙汰にしている。

「食」についても同じ。こちらもきりたんぽやハタハタのしょっつる貝焼きなどを先頭に食の王国。しかし、そういうものを拗置いて何が何だか分からないものを次々と作り出し、焦点をぼけさせ、歴史と味が染み込んだものの影が薄くなる。

個性が消される。風と土の匂いが消されてゆく、ということなのだ。みんな東京化させてしまう。東京になる訳ではない。リトル東京が出来上がる訳ではない。東京化すればするほど地方は見劣り度が鮮明になる。みすぼらしくなる。だから若者たちは出て行く。

秋田が萎み、黄昏てゆく。

知事はその現状を見て「一抹の淋しさを感じる」と言ったという。多分そんな感覚ではそのまま秋田は消滅する。それを食い止めるには、小手先で何かをいじるのではなく、ドラスティックな発想と取り組みが必要だろう。秋田はきっと再生する。

毎日新聞の東北版に掲載の「とうほく彩発見」の執筆メンバーに、現在は北海道支社長の吉野理佳氏が秋田支局長の時に推薦していただき、以来十年六週に一回書き続けている。

本にするについては、現支局長の大槻英二氏からお力をお借りし、イズミヤ出版の泉谷好子さんの手を煩わせることになった。それぞれの皆さんに感謝する。あわせて、この本を手に取ってくださった読者の皆さん。あなたたちがおられるおかげでこういう本が産まれる。ありがとう。

時雨の草庵にて

あゆかわ　のぼる

あゆかわ　のぼる　*Noboru Ayukawa*

詩人、エッセイスト。

1938年、秋田県由利郡下浜村(現・秋田市下浜)に生まれる。

秋田を拠点に著作活動し、数多く作品を発表している。

1992年、ＮＨＫ東北ふるさと賞受賞。

2013年、秋田県現代詩人賞受賞。

2014年、秋田市文化章受章。

主な著作

詩　　　集「燃えさかるまつり」「不測の事態」

(いずれもイズミヤ出版)

エッセイ集「隣りのいびき」「ふるさと本線『あきた』発」

「隣のねごと」「平成あきた大点検」「昔、温泉。今、道の駅。」「ええふりこぎとせやみこぎ」

「秋田弁なるほど大戯典」「まるごと秘境、桃源 郷」

「おれはやらない、お前もやるな。」「一酔の夢」

(いずれもイズミヤ出版)

「秋田民謡大好き」(秋田魁新報社)

「辛口ホンネ主義」(くまがい書房)

小　　　説「向い風」(イズミヤ出版)

詩　　　集「残照の河へ」「私の女房の夫」

(いずれも無明舎出版)

「荒野にて」(萌芽舎)

黄昏て、道険し
―それでも秋田再生主義―

2017年1月10日初版発行

著　者　あゆかわ　のぼる
協　力　毎日新聞秋田支局
発行者　泉　谷　好　子
発行所　イズミヤ出版
秋田県横手市十文字町梨木二
TEL0182(42)2130
FAX0182(42)3001
http://www.izumiya-p.com/
e-mail:izumiya@izumiya-p.com
印刷・製本　(有)イズミヤ印刷

ISBN978-4-904374-29-0
地方・小出版流通センター扱